COLLECTION POÉSIE

PAUL ÉLUARD

Donner
à voir

GALLIMARD

© Éditions Gallimard, 1939.

« Voir, c'est comprendre, juger, transformer, imaginer, oublier ou s'oublier, être ou disparaître. »

Les dessous d'une vie
ou
La pyramide humaine

(1919-1926)

« *Sans cesse il s'éveillait, et sans cesse il s'endormait.* »

Charles Baudelaire.

« *Alors que la face humaine est venue tyranniser mes rêves.* »

Thomas de Quincey.

« *Épouvantable éternité.* »

Édouard Young.

D'abord un grand désir m'était venu de solennité et d'apparat. J'avais froid. Tout mon être vivant et corrompu aspirait à la rigidité et à la majesté des morts. Je fus tenté ensuite par un mystère où les formes ne jouent aucun rôle. Curieux d'un ciel décoloré d'où les oiseaux et les nuages sont bannis. Je devins esclave de la faculté pure de voir, esclave de mes yeux irréels et vierges, ignorants du monde et d'eux-mêmes. Puissance tranquille. Je supprimai le visible et l'invisible, je me perdis dans un miroir sans tain. Indestructible, je n'étais pas aveugle.

LA DAME DE CARREAU

Tout jeune, j'ai ouvert mes bras à la pureté. Ce ne fut qu'un battement d'ailes au ciel de mon éternité, qu'un battement de cœur amoureux qui bat dans les poitrines conquises. Je ne pouvais plus tomber.

Aimant l'amour. En vérité, la lumière m'éblouit. J'en garde assez en moi pour regarder la nuit, toute la nuit, toutes les nuits.

Toutes les vierges sont différentes. Je rêve toujours d'une vierge.

A l'école, elle est au banc devant moi, en tablier noir. Quand elle se retourne pour me demander la solution d'un problème, l'innocence de ses yeux me confond à un tel point que, prenant mon trouble en pitié, elle passe ses bras autour de mon cou.

Ailleurs, elle me quitte. Elle monte sur un bateau. Nous sommes presque étrangers l'un à l'autre, mais sa jeunesse est si grande que son baiser ne me surprend point.

Ou bien, quand elle est malade, c'est sa main que je garde dans les miennes, jusqu'à en mourir, jusqu'à m'éveiller.

Je cours d'autant plus vite à ses rendez-vous que j'ai peur de n'avoir pas le temps d'arriver avant que d'autres pensées me dérobent à moi-même.

Une fois, le monde allait finir et nous ignorions tout de notre amour. Elle a cherché mes lèvres avec des mouvements de tête lents et caressants. J'ai bien cru, cette nuit-là, que je la ramènerais au jour.

Et c'est toujours le même aveu, la même jeunesse, les mêmes yeux purs, le même geste ingénu de ses bras autour de mon cou, la même caresse, la même révélation.

Mais ce n'est jamais la même femme.

Les cartes ont dit que je la rencontrerai dans la vie, *mais sans la reconnaître.*

Aimant l'amour.

VRAI

Huit heures, place du Châtelet, dans ce café où les chaises ne sont pas encore rangées, où la vaisselle opaque s'étale dans tous les coins.

lit de camp et m'aperçois qu'elle est devenue toute petite. Elle sourit... Ma douleur ne vient pas de sa mort, mais de l'impossibilité de pouvoir la rendre à sa taille normale, idée qui m'affole complètement.

LES AUTRES

Parpagnier?... Parpagnier?... C'est mon meilleur ami. Je l'admire et j'admire ceux qui lui ressemblent. Mais il meurt, nul ne lui ressemble plus et je l'admire toujours.

Ce n'est pas l'hiver. Les déserts changent leur lumière et me couvrent la face. Le bel inconnu, le bel inconnu. Le ciel vient et me regarde dans les yeux charmeurs de serpents charmeurs de danseuses.

Une jeune femme d'apparence très malheureuse vient me voir à mon bureau. Elle tient dans ses bras un enfant nègre. Nous ne parlons pas, je cherche comment cette femme assez jolie mais si pauvre peut avoir un enfant de cette couleur. Mais soudain elle s'avance vers moi et m'embrasse sur la bouche. J'ai alors l'impression, mais seulement l'impression, de tout comprendre.

LES FLEURS

J'ai quinze ans, je me prends par la main. Conviction d'être jeune avec les avantages d'être très caressant.

Je n'ai pas quinze ans. Du temps passé, un incomparable silence est né. Je rêve de ce beau, de ce joli monde de perles et d'herbes volées.

Je suis dans tous mes états. Ne me prenez pas, laissez-moi.

✧

Mes yeux et la fatigue doivent avoir la couleur de mes mains. Quelle grimace au soleil, mère Confiance, pour n'obtenir que la pluie.

Je t'assure qu'il y a aussi clair que cette histoire d'amour : si je meurs, je ne te connais plus.

L'AUBE IMPOSSIBLE

> « *Le grand enchanteur est mort, et ce pays d'illusion s'est effacé.* »
>
> Young.

C'est par une nuit comme celle-ci que je me suis privé du langage pour prouver mon amour et que j'ai eu affaire à une sourde.

C'est par une nuit comme celle-ci que j'ai cueilli sur la verdure perpendiculaire des framboises blanches comme du lait, du dessert pour cette amoureuse de mauvaise volonté.

C'est par une nuit comme celle-ci que j'ai régné sur des rois et des reines alignés dans un couloir de craie! Ils ne devaient leur taille qu'à la perspective et si les premiers étaient gigantesques, les derniers, au loin, étaient si petits que d'avoir un corps visible, ils semblaient taillés à facettes.

C'est par une nuit comme celle-ci que je les ai laissés mourir, ne pouvant leur donner leur ration nécessaire de lumière et de raison.

C'est par une nuit comme celle-ci que, beau joueur, j'ai traîné dans les airs un filet fait de tous mes nerfs. Et quand je le relevais, il n'avait jamais une ombre, jamais un pli. Rien n'était pris. Le vent aigre grinçait des dents, le ciel rongé s'abaissait et quand je suis tombé, avec un corps épouvantable, un corps pesant d'amour, ma tête avait perdu sa raison d'être.

C'est par une nuit comme celle-ci que naquit de mon sang une herbe noire redoutable à tous les prisonniers.

QUELQUES POÈTES SONT SORTIS

Comme autrefois, d'une carrière abandonnée, comme un homme triste, le brouillard, sensible et têtu comme un homme fort et triste, tombe dans la rue, épargne les maisons et nargue les rencontres.

Dix, cent, mille crient pour un ou plusieurs chanteurs silencieux. Chant de l'arbre et de l'oiseau, la jolie fable, le soutien.

Une émotion naît, légère comme le poil. Le brouillard donne sa place au soleil, et qui l'admire? dépouillé comme un arbre de toutes ses feuilles, de toute son ombre? O souvenir! Ceux qui criaient.

LA PARESSE

J'ai jeté ma lampe dans le jardin pour qu'il voie clair et je me suis couché. Le bruit remuait tout au dehors. Mes oreilles dorment. La lumière frappe à ma porte.

DÉFINITIONS

Boire du vin rouge dans des verres bleus et de l'huile de ricin dans de l'eau-de-vie allemande, horizon lointain.

✡

Un homme vivant monté sur un cheval vivant rencontre une femme vivante tenant en laisse un chien vivant.

✡

Une robe noire ou une robe blanche ? Des grands souliers ou des petits ?

✡

Regarde. Là, en face, celui qui travaille gagne de l'argent.
J'ai lu que « vieux malade honteux », que « fortune coquette à Paris » et que « cet éventail de belles arêtes ».

✻

Flamme éteinte, ta vieillesse c'est fumée éteinte.

✻

Je n'aime pas la musique, tout ce piano me prend tout ce que j'aime.

L'ARGYL'ARDEUR

Le temps ne passe pas. Il n'y a pas : longtemps, le temps ne passe plus. Et tous les lions que je représente sont vivants, légers et immobiles.

Martyr, je vis à la façon des agneaux égorgés.

Ils sont entrés par les quatre fenêtres de la Croix. Ce qu'ils voient, ce n'est pas la raison d'être du jour.

Anguille de praline, pensée de vitrail, élévation des sentiments, il est dix heures. Je ne réussirai pas à séparer les mandolines des pistolets, avec les unes les uns font de la musique à en perdre la vie. Ce soir d'août, pendant que les enfants jouent sur les places des banlieues les plus célèbres, je réfléchis : si les héritiers des ombres s'étonnent d'être séparés des hommes, qu'ils s'en prennent au masturbateur bien connu : le diable vert des légendes du roi Henri IV qui portait un cheval blanc sur son dos pour se rendre à la sacrée guerre contre les Visigoths.

A la fête de Montmartre, une aventurière, fille d'un

champion bien connu, apprenait aux jeunes hommes à se servir de leur expérience pour le remarquable jeu du billard en bois. Qu'on me cite un amateur de billard en bois n'ayant pas estimé à leur juste mesure les troubles de la puberté.

L'ironie est une chose, le scarabée rossignolet en est une autre. Je préfère l'épuisette à prendre les animaux féroces de nos déroutes les plus célèbres.

L'homme chauve descendit, un jour de printemps, dans la cave de craie. Il avait les mains pleines. Quand il les ouvrit, la cave respirait à peine. Je propose aux hommes de bonne volonté l'usage des nuances incertaines. Et que votre volonté soit faite, un certain nombre de fois, deux par exemple, pour que je puisse compter, m'endormir et me réjouir.

A LA FENÊTRE

Je n'ai pas toujours eu cette sûreté, ce pessimisme qui rassure les meilleurs d'entre nous. Il fut un temps où mes amis riaient de moi. Je n'étais pas le maître de mes paroles. Une certaine indifférence. Je n'ai pas toujours bien su ce que je voulais dire, mais, le plus souvent c'est que je n'avais rien à dire. La nécessité de parler et le désir de n'être pas entendu. Ma vie ne tenant qu'à un fil.

Il fut un temps où je ne semblais rien comprendre. Mes chaînes flottaient sur l'eau.

Tous mes désirs sont nés de mes rêves. Et j'ai prouvé mon amour avec des mots. A quelle créature fantastique me suis-je donc confié, dans quel monde douloureux et ravissant mon imagination m'a-t-elle enfermé? Je suis sûr d'avoir été aimé dans le plus mystérieux des domaines, le mien. Le langage de mon amour n'appartient pas au langage humain, mon corps humain ne touche pas à la chair de mon amour. Mon imagination amoureuse a toujours été assez constante et assez haute pour que nul ne puisse tenter de me convaincre d'erreur.

CONSÉQUENCES DES RÊVES

Le château faisait le tour de la ville. Au fond, les habitants s'aimaient bien. En haine nécessaire et périodique, ils ne se passaient l'épée qu'autour du corps.
LA VIE, grand-père, père et fils, trois hommes, d'évidence en évidence en évidence.
Ombres sans ombres. Le soleil commença sa promenade dans la place. Des plantes et des fidèles accompagnaient son chant. Des nuages sur la tête et les pieds dans la poussière, grandirait-il ?
Nous, nous étions à l'ombre des anges, l'amour ancien.

DÉFINITION

La plus belle, sans idées, celle d'aujourd'hui, rêve d'une autre. Fortune d'un rêve et d'un autre rêve, par le sommeil d'un cœur à l'amour à plusieurs. Sur le champ, ils sont tous là.

Je feuillette *Le Journal Littéraire*, d'ordinaire sans intérêt. Le numéro que j'ai dans les mains contient de nombreuses photographies de généraux et de camps d'Afrique. A la dernière page, une grande photographie intitulée : « L'Armée Française » représente trois soldats, l'un derrière l'autre; mais, entre le premier et le second se trouve ma femme habillée à la mode excentrique de 1900 et qui tient à la main une ombrelle; sur le côté un général boer avec une longue barbe, une redingote et un chapeau haut de forme. J'apprécie vivement.

C'est sur un trottoir de Paris, dans une rue déserte, que je la rencontre. Le ciel, d'une couleur indécise, me donne le sentiment d'une grande liberté physique. Je ne vois pas le visage de la femme qui est de la couleur de l'heure, mais je trouve un grand plaisir à ne pas détacher mes regards de l'endroit où il est. Il me semble vraiment passer par les quatre saisons. Au bout d'un long moment, la femme défait lentement les nœuds de rubans multicolores qu'elle a sur la poitrine et sur le ventre. Son visage apparaît alors, il est blanc et dur comme le marbre.

Parce que tu n'es pas là, les dîneurs ont des remords. Je les devine : celui-ci que l'on chasse et qui feint d'en rire, celui-là honteux devant son ennemi et cet autre qui voudrait s'élever et qu'une implacable neurasthénie courbe lentement vers la terre. Remords de dîneurs.

Je sais : tu es dehors, tu es fâchée. Je te rejoins. Des oiseaux barrent la route de l'ombre de leurs ailes, le vent fait son nid sur la montagne de coton, des éphémères lancent des charmes.

Nous irons au bord de la mer. Tu seras sous un arbre qui cligne des feuilles. Le risque n'est pas si grand d'enlever ta robe et de te baigner tout de suite. Les vagues de ta nuque te soutiennent. Où es-tu ? Où es-tu ? Mon cœur se cache, mon cœur se perd. Tu meurs. Tu t'es placée entre l'éternité et moi.

LES CENDRES VIVANTES

Plus j'avance, plus l'ombre s'accroît. Je serai bientôt cerné par ses monuments détruits et ses statues abattues. Je n'arriverai jamais. Mes pensées orgueilleuses ont trop longtemps été liées au luxe de la lumière. Je déroule depuis trop longtemps la soie chatoyante de ma tête, tout ce turban avide de reflets et de compliments. Il n'y a qu'une façon maintenant de sortir de cette obscurité : lier mon ambition à la misère simple, vivre toute ma vie sur le premier échelon nocturne, à peine au-dessus de moi, à peine celui des oiseaux de nuit. Détaché de cette terre, de cette ombre qui m'ensevelit. Le ciel a la couleur de la poussière.

Trois heures du matin. Un cortège, des cris, des chants, des armes, des torches, des brutes. Je suis, je suis obligé de suivre je ne sais quel pacha, quel padishah sonore. J'ai trop sommeil et je me révolte. Je mérite la mort. Mange ton pain sur la voiture qui te mène à l'échafaud, mange ton pain tranquillement. J'ai déjà dit que je n'attendais plus l'aube. Comme moi, la nuit est immortelle.

Dans un bouge, ma mère m'apporte un livre, un si beau livre. Je l'ouvre et je crache dedans. Ma fille est assise en face de moi, aussi calme que la bougie.

La nuit des chiffonniers. Je tiendrai la promesse que j'ai faite aux chiffonniers de leur rendre visite. Leur maison brûle. Ces gens sont vraiment aimables. Je ne méritais pas tant d'honneurs : leurs chevaux brûlent. On cherche dans les fossés les trésors que l'on doit m'offrir. Que le feuillage invisible est beau! J'ai fait un geste incompréhensible : j'ai mis ma main en visière sur mes yeux.

Ce jour-là, je reçois, dans un jardin comme je les aime, diverses notabilités, notamment la Présidente de la République, une grande femme très belle, à peu près à l'image conventionnelle de Marianne. Nous nous promenons avec sa suite dans des allées bordées de buis et d'ifs très bien taillés. Au bout d'une allée, une grande porte composée dans sa surface de plusieurs autres portes, une dorée, une rouge, une noire, une verte et, au milieu, la plus petite, blanche. Tous les gens qui m'accompagnent ont une clef différente. Je dois deviner quelle est la bonne, sinon tout le monde s'en ira. Je propose de la jouer aux cartes. Refus. Et ce n'est plus la Présidente, mais le Président de la République que j'ai à mes côtés. Il s'en va. Je l'accompagne poliment.

EN SOCIÉTÉ

Je ne regrette pas — mais seulement parce que le regret n'est pas une forme suffisante de désespoir — le temps où j'étais méfiant, où j'espérais encore avoir quelque ennemi à vaincre, quelque brèche à tailler dans la nature humaine, quelque cachette sacrée. La méfiance, c'était encore l'arrêt, la constatation délectable du fini. Un fil tiré par une hirondelle qui, les ailes ouvertes, fait la pointe de la flèche, trompe aussi bien l'apparence de l'homme que sa réalité. Le vent n'ira pas où l'homme veut aller avec lui. Heureusement. Voici les frontières de l'erreur, voici les aveugles qui ne consentent pas à poser le pied là où la marche manque, voici les muets qui pensent avec des mots, voici les sourds qui font taire les bruits du monde.

Les membres las, ma parole, ne se séparent pas facilement. Leur ignorance de la solitude ne les empêche pas de se livrer à de sournoises expériences individuelles de physique amusante, miettes du grand repos, autant de minuscules éclats de rire des glycines et des acacias du décor.

La source des vertus n'est pas tarie. De beaux grands yeux bien ouverts servent encore à la contemplation des mains laborieuses qui n'ont jamais fait le mal et qui s'ennuient et qui ennuient tout le monde. Le plus bas calcul fait se fermer quotidiennement ces yeux. Ils ne favorisent le sommeil que pour se plonger ensuite dans la contemplation des mains laborieuses qui n'ont jamais fait le mal et qui s'ennuient et qui ennuient tout le monde. L'odieux trafic.

Tout cela vit : ce corps patient d'insecte, ce corps amoureux d'oiseau, ce corps fidèle de mammifère et ce corps maigre et vaniteux de la bête de mon enfance, tout cela vit. Seule, la tête est morte. J'ai dû la tuer. Mon visage ne me comprend plus. Et il n'y en a pas d'autre.

Juste milieu

(1938)

> « *On commence à deviner ce que vaut quelqu'un quand son talent faiblit, — quand il cesse de montrer ce qu'il* peut. *Le talent peut être un ornement, et l'ornement une cachette.* »
>
> Frédéric Nietzsche :
> *Par-delà le Bien et le Mal.*

AIMÉS

Nous sommes deux et nous sommes tous obéissants. Nos idées sont publiques, nos paroles sont entendues. Nous gouvernons bien notre amour, nous nous plions bien à ses lois. Nous rendons l'honneur à la foule que nous limitons.

BALTIMORE

La ville de Baltimore a deux côtés fendants comme un sabot aux fesses d'un butor. Dans le quartier des Abattoirs, des rires aux clartés de colombe allongent les chaudes soirées qui sont l'amour même. Ailleurs le duvet l'emporte.

A Baltimore, quand on a trouvé le point faible, le reste va tout seul. Baltimore est bâtie du beau bois dont on fait les blondes. Elle a pour devise : *Que lirite tu sade.*

CRÉPUSCULE

Désert vertical, le verrier creusait la terre, le fossoyeur voulait se pendre et dans la fumée de ma tête s'organisait l'oubli.
C'était l'heure entre chien et loup, entre suie et poix. Un joli vertige. Avant de disparaître, le ciel fit une grimace cornue. Je vivais, petit, tranquille, bien au chaud, car j'avais enchâssé ma précieuse fureur diurne dans la dure poitrine de mes ennemis vaincus.

DORMEURS

Les dormeurs sont blancs, veinés de vert pâle, aussi transparents que le cristal de roche; leurs cuisses laissent passer les rayons du jour. Ils n'ont pas la solidité du marbre le plus ordinaire; ils sont même si tendres qu'on peut les tailler, les façonner avec un couteau.
Mais au contact de leurs paupières, la nuit dure et froide se fend comme l'ardoise.

ÉTÉ

C'est le matin que je voyage, c'est le matin que je souris aux femmes et aux enfants, que je travaille. L'accent posé sur le scandale.

Et souvent je bois du vin blanc, et parfois je mange un croissant.

FESTON

Ce feston, paraît-il, c'était moi. Des grappes de raisin, des bluets, des tulipes, un fruit jaune entre deux feuilles vertes, des touffes de plumes blanches au milieu d'une étoile bien étalée et un tout petit bout de feston. J'étais fier, fier à m'en faire craquer les vertèbres.

GAIETÉ

Quelque suite dans les idées, et ce n'est pas assez dire; un bras passé par la fenêtre : au revoir à qui vient d'arriver. Le très coquet caméléon de l'entendement; verra en bleu ce qui tache le bleu, en bois le ciel défunt, en or le deuil des riches. Sa gaieté, pourtant, sur le ciel pur, est en bois vert et en or pur. Jusqu'aux éclats de rire de la confusion.

HOMME

Délicieux séjour. Ruisseaux de verdure, grappes de collines, cieux sans ombrages, vases des chevelures, miroirs des boissons, miroirs des rivages, échos du soleil, cristal des oiseaux, abondance, privation, l'homme à l'écorce poreuse a faim et soif. L'homme, du haut de l'idée de sa mort, regarde pensivement les bienfaisants mystères.

INSOMNIE

Je reculais lentement. Je devins inactif, improductif; je devins intangible, invisible, incompréhensible. Une nuit encore, on m'illumina, faiblement; puis ce fut la tombe, toute panachée de racines, d'animaux luisants, d'os. Personne ne s'en doutait, personne ne m'y suivit.

JEUNESSE

J'étais dans le refuge de la jeunesse, refuge petit comme une étoile et sans mémoire d'aucun nuage. Mes armes, mille fois cueillies, étaient disséminées dans le parc, parmi les herbes, les broussailles. Les portes du refuge avaient été enlevées, transportées dans quelque endroit sinistre dont je n'avais pas idée. Les fenêtres s'ouvraient du dehors comme du dedans. Le jour les mettait en branle et c'est à leur musique que ma tête oubliait son poids. J'avais chassé l'oiseau lourd de la réflexion, j'avais fait prisonnière l'agitation des heures et des saisons. J'enterrais gaiement mon passé dans la tombe de mon avenir.

LODIE

Je ne vivrai pas sans toi. J'ai effacé les traces de mes tristesses, de mes colères, de mes désastres, de mes nuits. Mes nerfs n'attachent plus le ciel bas et rauque à la terre insolite où je te cherchais. Je te ressemble, heureuse amante, cœur délivré. Rien de toi, rien de nous qui ne soit léger et pur. Et si doux, si clair.

Je te fais rire, car aujourd'hui je m'installe avec toi dans le jardin clos où ta vanité entretient le charme des roses.

MORT

La mort vint toute seule, s'en alla toute seule et celui qui aimait la vie resta seul.

NOURRICE

Nourrice, naïade, j'ai toujours lié ces deux mots. C'est qu'une charmante naïade fut pour moi cette autre mère qui prend de notre amour filial ce qu'il a de meilleur. Elle m'emportait avec elle, me déposait au bord de l'eau, me donnant pour jouet un roseau ou une algue marine. Le flot me balançait, la voile blanche du bateau qui passait se recourbait tendrement sur moi et, là-haut, je voyais le ciel, les nuages, je voyais la souple tête des peupliers lorsqu'ils se baissaient sous le vent et je m'endormais bientôt au chant des laveuses et des hirondelles.

OISEAUX

« Mes oiseaux, j'ai de beaux oiseaux ! Qui veut venir voir mes oiseaux ? » Je ne répétais plus autre chose tout le jour. Cela dura une semaine. Au bout de ce temps, on me fit présent de deux délicieuses ombrelles : l'une en soie rose, à glands d'argent, à manche de nacre, ma passion, mon amour, l'autre en soie noire, à glands d'acier, à manche d'ébène, vingt ans au moins de solitude sans raison. Me promener devint alors une manie. Jusqu'au jour où je ne vis plus d'oiseaux dans l'azur et où je me pris à chantonner inlassablement, sans espoir de réponse : « Qui ne veut plus voir mes oiseaux ? »

PAUVRE

C'est le mystère de l'air pur, celui du blé. C'est le mystère de l'orage, celui du pauvre. Dans les pauvres maisons, on aime le silence. On aime aussi le silence. Mais les enfants crient, les femmes pleurent, les hommes crient, la musique est horrible. On voudrait faire la moisson et l'on fait honte aux étoiles. Quel désordre noir, quelle pourriture, quel désastre ! Jetons ces langes au ruisseau, jetons nos femmes à la rue, jetons notre pain aux ordures, jetons-nous au feu, jetons-nous au feu !

RAYONNE

Elle vient, elle monte la côte que coupe notre sentier. Elle est gaie, légère et aussi bien tournée que le ciel sans nuages. La prunelle parfaite, jusqu'à ce que la belle-de-nuit donne le jour à la chouette et au hibou.

SAUVAGE

Juste à la porte du théâtre, il y avait un sauvage armé d'une massue. Au moyen d'un ressort ses yeux roulaient dans l'orbite, sa touffe de cheveux se dressait, sa massue, ses bras s'agitaient. Et je tremblais d'effroi toutes les fois que, passant par là, mes yeux venaient à rencontrer ceux du sauvage, tant cette figure avait été rendue triviale par le semblant de vie que l'homme civilisé était parvenu à lui prêter.

TOILETTE

Elle entra dans sa petite chambre pour se changer, tandis que sa bouilloire chantait. Le courant d'air venant de la fenêtre claqua la porte derrière elle. Un court instant, elle polit sa nudité étrange, blanche et droite, elle aviva sa chevelure paresseuse. Puis elle se glissa dans une robe de veuve.

UNIS

Une caverne dont l'entrée est au pied d'un rocher plus haut que moi, et qui sert lui-même de base à une montagne plus haute que toi. A quelques pas de l'entrée, on trouve une galerie par laquelle on arrive à une chambre où nous nous unissons, pied à pied, tête à tête.

VALET

« Ainsi faisions-nous, Excellence : lorsque notre pied avait rencontré la dernière marche enfouie dans les ténèbres, appuyés contre la porte de pierre des caveaux, notre regard ébloui remontait. Et votre Excellence me demandait de lui expliquer, pour la centième fois, les raisons que nous avions d'être là, comme des taupes débusquées. »

YEUX

Mes yeux, objets patients, étaient à jamais ouverts sur l'étendue des mers où je me noyais. Enfin une écume blanche passa sur le point noir qui fuyait. Tout s'effaça.

Nuits partagées

Au terme d'un long voyage, je revois toujours ce corridor, cette taupe, cette ombre chaude à qui l'écume de mer prescrit des courants d'air purs comme de tout petits enfants, je revois toujours la chambre où je venais rompre avec toi le pain de nos désirs, je revois toujours ta pâleur dévêtue qui, le matin, fait corps avec les étoiles qui disparaissent. Je sais que je vais encore fermer les yeux pour retrouver les couleurs et les formes conventionnelles qui me permettent de t'aborder. Quand je les rouvrirai, ce sera pour chercher dans un coin de la pièce l'ombrelle corruptible à manche de pioche qui me fait redouter le beau temps, le soleil, la vie, car je ne t'aime plus au grand jour, car je regrette le temps où j'étais parti à ta découverte et le temps aussi où j'étais aveugle et muet devant l'univers incompréhensible et le système d'entente incohérent que tu me proposais.

N'as-tu pas suffisamment porté la responsabilité de cette candeur qui m'obligeait à toujours retourner tes volontés contre toi ?

Que ne m'as-tu donné à penser ! Maintenant, je ne viens plus te voir que pour être plus sûr du grand mystère que constitue encore l'absurde durée de ma vie, l'absurde durée d'une nuit.

Quand j'arrive, toutes les barques s'en vont, l'orage

recule devant elles. Une ondée délivre les fleurs obscures, leur éclat recommence et frappe de nouveau les murs de laine. Je sais, tu n'es jamais sûre de rien, mais l'idée du mensonge, mais l'idée d'une erreur sont tellement au-dessus de nos forces. Il y a si longtemps que la porte têtue n'avait pas cédé, si longtemps que la monotonie de l'espoir nourrissait l'ennui, si longtemps que tes sourires étaient des larmes.

Nous avons refusé de laisser entrer les spectateurs, car il n'y a pas de spectacle. Souviens-toi, pour la solitude, la scène vide, sans décors, sans acteurs, sans musiciens. L'on dit : le théâtre du monde, la scène mondiale et, nous deux, nous ne savons plus ce que c'est. Nous deux, j'insiste sur ces mots, car aux étapes de ces longs voyages que nous faisions séparément, je le sais maintenant, nous étions vraiment ensemble, nous étions vraiment, nous étions, nous. Ni toi, ni moi ne savions ajouter le temps qui nous avait séparés à ce temps pendant lequel nous étions réunis, ni toi, ni moi ne savions l'en soustraire.

Une ombre chacun, mais dans l'ombre nous l'oublions.

La lumière m'a pourtant donné de belles images des négatifs de nos rencontres. Je t'ai identifiée à des êtres dont seule la variété justifiait le nom, toujours le même, le tien, dont je voulais les nommer, des êtres que je transformais comme je te transformais, en pleine lumière, comme on transforme l'eau d'une source en la prenant dans un verre, comme on transforme sa main en la mettant dans une autre. La neige même, qui fut derrière nous l'écran douloureux sur lequel les cristaux des serments fondaient, la neige même était masquée. Dans les cavernes terrestres, des plantes cristallisées cherchaient les décolletés de la sortie.

Ténèbres abyssales toutes tendues vers une confusion éblouissante, je ne m'apercevais pas que ton nom devenait illusoire, qu'il n'était plus que sur ma bouche et que, peu à peu, le visage des tentations apparaissait réel, entier, seul.

C'est alors que je me retournais vers toi.

Réunis, chaque fois à jamais réunis, ta voix comble tes yeux comme l'écho comble le ciel du soir. Je descends vers les rivages de ton apparence. Que dis-tu ? Que tu n'as jamais cru être seule, que tu n'as pas rêvé depuis que je t'ai vue, que tu es comme une pierre que l'on casse pour avoir deux pierres plus belles que leur mère morte, que tu étais la femme d'hier et que tu es la femme d'aujourd'hui, qu'il n'y a pas à te consoler puisque tu t'es divisée pour être intacte à l'heure qu'il est.

Toute nue, toute nue, tes seins sont plus fragiles que le parfum de l'herbe gelée et ils supportent tes épaules. Toute nue. Tu enlèves ta robe avec la plus grande simplicité. Et tu fermes les yeux et c'est la chute d'une ombre sur un corps, la chute de l'ombre tout entière sur les dernières flammes.

Les gerbes des saisons s'écroulent, tu montres le fond de ton cœur. C'est la lumière de la vie qui profite des flammes qui s'abaissent, c'est une oasis qui profite du désert, que le désert féconde, que la désolation nourrit. La fraîcheur délicate et creuse se substitue aux foyers tournoyants qui te mettaient en tête de me désirer. Au-dessus de toi, ta chevelure glisse dans l'abîme qui justifie notre éloignement.

Que ne puis-je encore, comme au temps de ma jeunesse, me déclarer ton disciple, que ne puis-je encore convenir avec toi que le couteau et ce qu'il coupe sont bien accordés. Le piano et le silence, l'horizon et l'étendue.

Par ta force et par ta faiblesse, tu croyais pouvoir concilier les désaccords de la présence et les harmonies de l'absence, une union maladroite, naïve, et la science des privations. Mais, plus bas que tout, il y avait l'ennui. Que veux-tu que cet aigle aux yeux crevés retienne de nos nostalgies ?

Dans les rues, dans les campagnes, cent femmes sont dispersées par toi, tu déchires la ressemblance qui les lie, cent femmes sont réunies par toi et tu ne peux leur donner de nouveaux traits communs et elles ont cent visages, cent visages qui tiennent ta beauté en échec.

Et dans l'unité d'un temps partagé, il y eut soudain tel jour de telle année que je ne pus accepter. Tous les autres jours, toutes les autres nuits, mais ce jour-là j'ai trop souffert. La vie, l'amour avaient perdu leur point de fixation. Rassure-toi, ce n'est pas au profit de quoi que ce soit de durable que j'ai désespéré de notre entente. Je n'ai pas imaginé une autre vie, devant d'autres bras, dans d'autres bras. Je n'ai pas pensé que je cesserais un jour de t'être fidèle, puisqu'à tout jamais j'avais compris ta pensée et la pensée que tu existes, que tu ne cesses d'exister qu'avec moi.

J'ai dit à des femmes que je n'aimais pas que leur existence dépendait de la tienne.

Et la vie, pourtant, s'en prenait à notre amour. La vie sans cesse à la recherche d'un nouvel amour, pour effacer l'amour ancien, l'amour dangereux, la vie voulait changer d'amour.

Principes de la fidélité... Car les principes ne dépendent pas toujours des règles sèchement inscrites sur le bois blanc des ancêtres, mais de charmes bien vivants, de regards, d'attitudes, de paroles et des signes de la jeunesse, de la pureté, de la passion. Rien de tout cela ne s'efface.

Je m'obstine à mêler des fictions aux redoutables réalités. Maisons inhabitées, je vous ai peuplées de femmes exceptionnelles, ni grasses, ni maigres, ni blondes, ni brunes, ni folles, ni sages, peu importe, de femmes plus séduisantes que possibles, par un détail. Objets inutiles, même la sottise qui procéda à votre fabrication me fut une source d'enchantements. Êtres indifférents, je vous ai souvent écoutés, comme on écoute le bruit des vagues et le bruit des machines d'un bateau, en attendant délicieusement le mal de mer. J'ai pris l'habitude des images les plus inhabituelles. Je les ai vues où elles n'étaient pas. Je les ai mécanisées comme mes levers et mes couchers. Les places, comme des bulles de savon, ont été soumises au gonflement de mes joues, les rues à mes pieds l'un devant l'autre et l'autre passe devant l'un, devant deux et j'ai fait le total, les femmes ne se déplaçaient plus que couchées, leur corsage ouvert représentant le soleil. La raison, la tête haute, son carcan d'indifférence, lanterne à tête de fourmi, la raison, pauvre mât de fortune pour un homme affolé, le mât de fortune d'un bateau... voir plus haut.

Pour me trouver des raisons de vivre, j'ai tenté de détruire mes raisons de t'aimer. Pour me trouver des raisons de t'aimer, j'ai mal vécu.

Au terme d'un long voyage, peut-être n'irai-je plus vers cette porte que nous connaissons tous deux si bien, je n'entrerai peut-être plus dans cette chambre où le désespoir et le désir d'en finir avec le désespoir m'ont tant de fois attiré. A force d'être un homme incapable de surmonter son ignorance de lui-même et du destin, je prendrai peut-être parti pour des êtres différents de celui que j'avais inventé.

A quoi leur servirai-je ?

Appliquée

La maison s'ornait de quatre bévues avec une devinette pour entrée. En face, perchés sur une fine à la portée, quatre mannequins de mauvais goût, bien cravatés, de leur ombre noire et blanche garnissaient la rue. La clé servait de girouette. Jusqu'au jour où tout cassa. L'enfant poliment dit « Merci, mais je passe mes jours à rebours; je n'ai que faire de vos conseils ».

Appliquée mise au monde, toutes vertus voguèrent. Sa main, dont la sœur avait été placée au travers de la place à plaisir pour nuire à la circulation, tenait du faux bijou et du rien-qui-se-mange.

Les paupières battent. D'étranges petites filles attendent les fêtes, dans le ravissement, pour les mieux regretter ensuite. Elles jonchent la terre, on les prendrait pour de dolentes pelotes de laine, si leurs doigts ne bougeaient, dessinant, avec l'ardeur des solitaires, des bonshommes tenant le soleil en laisse ou le laissant fondre entre leurs lèvres, des bonnes femmes gréées en naufragées ou barbouillées de toilettes à pois.

Appliquée mise en scène. Tout entière se pavanant sur le sable son ami et des ailes qui applaudissent creusent leur nid pour ses coudes et ses genoux jamais las. L'approche du soir est redoutable : l'appel, le nom soudain jeté, absurde, un tintamarre de lourdes chaînes sur les paliers de l'écho, la déroute.

☆

Elle s'éveille. Elle est seule dans son lit. Que n'a-t-elle une horloge pour l'arrêter? Appliquée penche la tête, écoute. Le silence la fait rire. Longue chute de ses cheveux noirs sur son corps minable.

Appliquée passe une robe transparente. Dessous, elle a noué tant de rubans qu'une grande tiédeur l'habille de mousse et d'animaux tranquilles. Elle lèche ses doigts. Le tour de sa bouche a des saveurs d'étincelle.

Sur l'édredon le lac des Fausses. Sur le tapis, en lentes processions rectangulaires, Appliquée multiplie ses pieds nus et les chemins qui ne mènent nulle part.

Elle sait le printemps par cœur et se le répète : « Neige en mâchefer, cervelle nouvelle, fruits sans noyaux, deux filles à jouer, souris d'écume, jambes au galop, je croule. » La nuit fêlée reprend de sa voix de fenêtre. Mille mouches dorment.

Appliquée fait la cour à l'image qu'elle se forme d'elle-même. Comment ne pas être deux quand on se sent si seule? Comment, quand on est si secrète, ne pas rêver d'une confidente? Cette fois, ce sera Amimère, la toute-belle, la sucrée qui n'a pas de dos et qui parlait, tout à l'heure, en dormant.

Appliquée craint la campagne, ses champs tachés de froid, ses corbeaux éteints, ses masures si éloignées l'une de l'autre qu'elles traduisent crûment l'immensité de la haine, pour toujours. Amimère, pieds nus, ignorante, est juchée sur un rocher, moulin d'oiseaux. Elle fait signe à Appliquée de venir s'asseoir dans un des bosquets de roses de la mer qui bat la cloison. Le ciel tourne mal. La carte consultée trop tard, on est perdu. Il faudra s'en retourner par le tunnel des Danaïdes. En attendant, la double anguille profite de sa liberté. Elle joint les mains et ferme un œil. Dans le parloir mille précautions à prendre, le velours à ne pas ternir, les murs à ne pas marquer, mille précautions à prendre, mais tout à toucher. Amimère se cache, elle a peur. Appliquée lui a pris son masque, pour tout partager. Amimère est blottie au fond du lit. Appliquée, la rage aux dents, les yeux vides, mange les lèvres de son masque, comme des braises. Elle n'a plus de salive. Rien ne diffère de la mort, sinon le feu. Le lit noir, immobile, a besoin d'une leçon. Il moulera la lave, on l'ensevelira dans des cendres blanches.

Et la foudre apporte l'oubli.

※

Sensible lendemain, poussière secouée au soleil, comme un grand échassier fou. Flèche fine du dernier frisson. Le jouet n'a plus une goutte de sang. Non cette enfant d'hier, ardente, intacte, mais un chiffon vide contre un mur. Et une voix qui ânonne, définitivement.

Les songes toujours immobiles

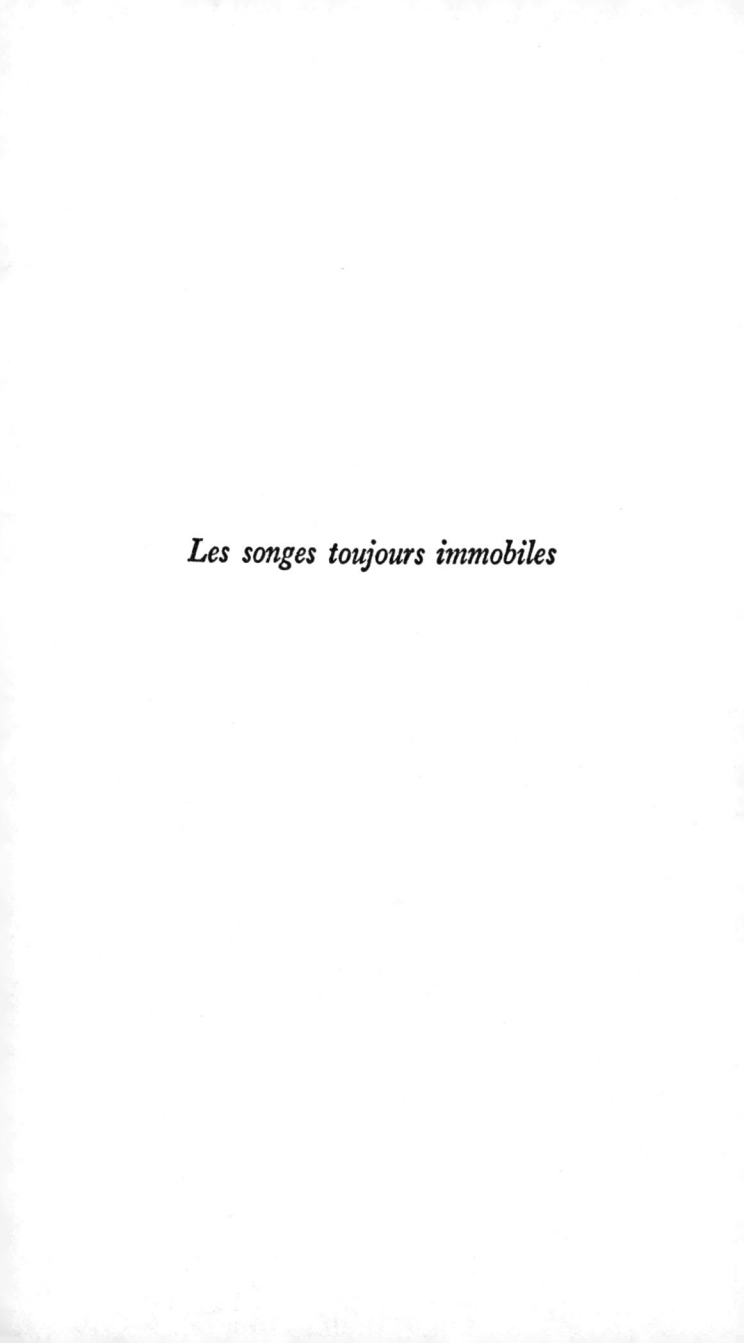

LOGIQUE

Il n'y a pas la première pierre de cette maison dont tu rêvais. Pourtant la première poussière ne s'est jamais posée sur les palais que nous soutenions. Ils avaient des fenêtres doubles, pour nous deux, des lumières constantes et des nuits immenses, ô sentimentale !

DORS

Il faut que j'éclaircisse aujourd'hui l'espèce de réussite que sont mes rêves, et je dis réussite parce que de me coucher auprès d'un être nouveau, dans des lieux aussi inattendus, aussi répugnants que sont, par exemple, une cuisine ou une salle de musée, me fait entrevoir les limites de la vie, ne me laisse rien à subir que la mort.

�

Une femme très jeune, très malheureuse, ayant pour elle la beauté crépusculaire des êtres qui se donnent, qui s'abandonnent parce qu'ils perdront ainsi celui qui les recevra. Ayant pour elle la beauté crépusculaire des êtres dont l'innocence est absolue parce qu'ils ne calculent pas ce qu'ils ont vécu, ni ce qu'il leur reste à vivre. Elle est là pour me recevoir, moi et cette innocence que je n'ai pas perdue, puisque je dors, puisque je suis à la merci d'un amour qui n'est pas nouveau, mais éternel, le maître de moi-même, de la naissance à la mort de la nuit.

Serments sans raison, tout étant déjà juré. Plus de soucis. Sérieux sans soucis, sans serments. Nous ne rions pas, parce que nous n'avons pas à nous défendre. Nous nous aimons parmi les déchets de la vie éveillée : salles d'école, querelles, l'argent menaçant, présences habituelles, la cuisine, la table, le travail, les voyages, les habits. Et même la nudité ne nous éblouit pas, il n'y a plus effort pour que la lumière ne soit pas troublée par elle-même, pour que le ciel gris ne se fonde en aucun ciel bleu. Cette fille que je découvre en m'endormant, comme une étoile noire dans l'oubli du jour, ne connaît d'elle-même que ce que j'ignore de moi. Sa chair très douce répond du plaisir qu'elle prend à mes caresses, mais n'en répond que du haut de sa vertu. Ni ne gagne, ni ne perd, ni ne risque, ni n'est certaine. La volonté n'est plus le masque qu'on enlève, ni les yeux qui s'ouvrent. Elle ne me demande pas d'abdiquer, ni de tenir. Je suis livré, vraiment livré, à la réalité d'un miroir qui ne reflète pas mon apparence. Livré à ses désirs. Je me suppose la proie. Sans hier, ni lendemain. Ce visage pur recommence.

✻

Le plus grand jour de ma vie, toujours.

L'HABITUDE DES TROPIQUES

> « *Le grand art d'émouvoir est d'opposer des objets sensibles aux intellectuels.* »
>
> Bernardin de Saint-Pierre :
> *Études de la nature.*

Un long trajet vers un grand pays aux serrures compliquées. Tout y rouille, sauf le ciel. Une bête chante pour s'échapper, pour renouer amitié avec le vent, puis défaille et s'habille d'ombre.

Le feu jaune, rose, mauve, pourpre, foisonne. Mêlez-y ce lait bleu, cette neige noire, vous aurez, jusqu'à la dernière goutte, le terrible soleil qui fait claquer les dents et pourrir les morts dans leur sang immobile.

La nudité de l'homme et de la femme est si chaude qu'elle humilie le ciel, qu'elle laisse une tache dans la prunelle de l'espace.

La tête de l'homme, faite, lorsqu'elle se considère, pour connaître les sources de la vie, le mouvement des astres, la forme et l'étendue de la terre, s'emplit, dans l'ignorance d'elle-même, à la fois de terreur et de force. On a beaucoup exagéré l'impuissance de l'imagination : ses trois cornes aiguës labourent aisément les glacis dérisoires de la raison rasée de près. En murmurant et portes closes, on parvient à se forger des pavillons de toutes les grandeurs, des amours insensées, des lunes de rechange, on reconstitue le charbon, les gemmes, le corail, on métamorphose les rochers, les livres et le cœur des hommes. De bouche à bouche, les yeux fermés, il y a toujours place pour la catastrophe rêvée, pour le passage de la vie animale à la vie végétale et minérale, pour une fourrure de givre, pour ce soleil vert dont je parle plus haut ou pour tout abolir.

Ainsi, sur les rivages de la Nouvelle-Bretagne, lorsque le ciel achève de se renverser, la verdure dégradée par les semences volatiles se borde d'oiseaux bourbeux qui trébuchent agréablement. L'homme alors voue la bête, aigle, tigre ou serpent, à être traitée comme un homme. Les séduisantes formes de la décomposition des genres dansent dans la nuit. L'oiseau prend racine dans la femme, l'homme dans un nid, ô vieille fée, fée Confuse qui mêles innocemment toutes choses, les couleurs et les formes, les rires et les larmes, les bêtes et les hommes, l'eau et le feu, le ciel et la terre, reste où tu es, j'irai.

Là, les grimaces sont sans rancune, les gesticulations immobiles tant elles sont variées. Un soleil de plomb, un soleil de plumes, un soleil de fièvre, un soleil d'eau pure, tout dépend de celui qui l'a dans le cœur. Et encore, ce n'est pas tout à fait le plomb, c'est l'or, ni tout à fait la lune, mais l'aile, ni tout à fait la fièvre, mais la passion ou le plaisir de jouer en criant très fort, ni tout à fait l'eau pure, mais la sève ou l'alcool ou le sable qui coule d'un poing fermé, comme une aiguille. Les feuilles longues et lisses ferment des roses et ouvrent des bourgeons, un sourire se glisse du nez jusqu'au chignon, l'aube mûrit sur un sein dévoilé qui dessine des lèvres enfantines, comme un carrefour, comme un labyrinthe.

Là, l'orage est taillé dans une source, la marée dans les coques des bateaux, les bateaux dans la pleine mer, le jour reprend sur l'homme ce que celui-ci abandonne aux ténèbres.

Devant des coteaux couverts d'encre, une mouche se posa sur la feuille corrompue d'un miroir. Je traduisais avec soin les plats, les assiettes, les bouteilles qui garnissaient la table, et leur contenu. J'en étais à un certain nombre de pièces de monnaie qui n'aurait certes pas satisfait un véritable connaisseur. Mais la mouche se posa, très sûre d'elle, sur une surface plane qui réfléchit étourdiment son image. D'une mouche, deux mouches, je crois à la réalité du monde sensible, mais toutes les verrières obscurcies de cette réalité m'engagent plutôt à continuer mon addition interminable. Je continuai donc, en jeune homme qui veut bien grandir, mais sans perdre un pouce de ses dimensions utiles.

Depuis un moment, c'est la mouche qui tient la plume et qui trempe, bêtement, dans le miel empoisonné de la glace où je ne suis pas, pour se punir, l'aiguillon de son vilain défaut : la gourmandise.

J'ai toujours eu l'impression qu'il y a bien assez de mots dans le dictionnaire pour exprimer d'une façon décente mes désirs qui tournent autour d'un objet qui tourne autour d'eux, comme une pierre chue dans l'eau qui se mettrait à tourner autour des ronds qu'elle a provoqués. Au fond, tout s'y retrouve. Tous les mots sont dans la nature. Mais, pour dédommager de cet insipide bavardage qui risque de sonner minuit sans arrêt, la femme que j'aime, je veux lui dire qu'il n'y a qu'un mot concret : aime, et pour qu'il lui tombe encore plus sous les sens, je le compléterai ainsi : aime à jamais.

LA NUIT EST A UNE DIMENSION

Un œil rond et un œil comme la dernière lune ont vu, sur des rivages masqués, une baleine revenir pour confondre l'homme. Il y a de profondes routes.

Dérisoire nuit des temps à laquelle, au nord, s'oppose l'interminable temps d'une nuit qui n'est pas la mesure du sommeil, mais qu'il faut diviser arbitrairement, pour que la vie s'en accommode, en réveils navrants, heureux, habituels, perpétuels. On ne rêve plus du jour qu'en s'éveillant, en pleine nuit. On se secoue, on gesticule, on interroge, on essaie de croire qu'il n'y aura dans ce faux aujourd'hui que cette lumière constituée seulement de fourrures, de viandes, de rires. Sinon, c'est la peur, la solitude, la faim, le mal.

Samik, bon chasseur et sorcier très considéré, confiait à Knud Rasmussen :

« Beaucoup de gens ont mangé de la chair humaine. Jamais ils ne l'ont fait par goût. Il s'agissait pour eux de sauver leur propre vie quand les tourments d'une famine prolongée leur avaient souvent presque entièrement ôté la raison. La faim est chose épouvantable. Fréquemment elle est accompagnée de rêves et de visions qui brisent les volontés les plus fortes et poussent les hommes à des actes dont ils ont eux-mêmes horreur. Voilà pourquoi nous ne les condamnons jamais. Nous n'éprouvons pour eux que de la pitié. Dans notre tribu, il y a tant de personnes ayant mangé de la chair humaine qu'il existe des règles de tabou les visant. On doit notamment les empêcher de jamais manger de la viande d'ours ou de corbeau.

« Tu connais Tuneq, le frère d'Itqilik. Tu as vécu sous le même toit que lui et que sa femme actuelle. Tu sais que c'est un homme d'humeur joyeuse et un bon mari.

« Or, il y a longtemps de cela, nous eûmes une année de disette. Les gens mouraient de froid et de faim et ceux qui survivaient se nourrissaient de cadavres. Alors Tuneq devint subitement comme fou. Il se mit à consulter les esprits et bientôt il nous raconta qu'ils lui avaient conseillé de manger sa femme pour se sauver. Au début, il découpa de petits morceaux des vêtements de cette dernière et s'en nourrit. Les morceaux devinrent de plus en plus grands et le corps fut mis à nu en différents endroits. Alors il lui donna un jour un coup de couteau qui la tua. Puis il vécut sur le cadavre. Il rassembla ses ossements sur une banquette afin d'observer le tabou relatif aux morts. Mais la défunte ne lui laissa pas de repos. Elle revint toutes les nuits et agita ses os avec bruit. Le mari en mourut presque de peur. Tous ceux qui couchaient sur la banquette étaient souvent jetés à terre et personne ne savait comment cela était arrivé.

« Si vous saviez, ô étrangers, l'épouvante que nous éprouvons à certains moments vous comprendriez pourquoi nous aimons les festins, le chant et la danse [1]. »

Le squelette des morts, pourtant, ne grimace pas. Et plus lugubre que lui, le masque amplifie le bourdonnement des puissances de désolation. Une fécondante idée fixe détruit à jamais l'équilibre du visage humain, le délivre de la peur et de la tristesse apogées en les enfermant dans leur représentation extrême. Visage de bois, face aux éléments hostiles, sommés de ne pas en finir avec l'homme, figure d'outre-saison désignée entre toutes pour démentir la fragilité humaine aux prises avec *son* climat.

La menace conjurée, les mains ouvrières redonnent au mot « aimer » tout son sens innocent, premier. A chaque fois, une aube qui n'a pas été vécue apprend à l'hyperboréen qu'aimer est utile. Efforts, soucis, fatigues se couvrent alors d'un nouveau rêve.

Quand il n'a plus d'adversaires, l'homme, en désespoir de cause, se bat contre lui-même. Après avoir vaincu ses plus intimes alliés, ceux qui le guidaient vers le gouffre quotidien de ses revendications, il pense à ce triste compagnon de seconde nécessité qu'il est pour lui-même, le corps tout entier plongé dans un bain d'horreur lucide. L'homme ne se fréquente pas pour vivre. S'il veut se connaître, ce n'est pas pour durer, pour mériter le monde, mais pour *être* au monde.

---

1. Knud Rasmussen : *Du Groenland au Pacifique.*

A l'heure de cette rupture, devant la maison de force qu'est son propre reflet, alvéole indestructible de ténèbres, partagé entre son devenir et celui du monde, s'identifiant soudain à sa proie, voici que ses besoins le sauvent.

Ni dominé, ni asservi, l'animé se mêle à l'inanimé, ils confondent leur réalité, forgent leur poids et oublient.

A partir de cette mort et dans son sillage même, tout rajeunit.

JE RÊVE QUE JE NE DORS PAS

Je rêve que je suis dans mon lit et qu'il est tard. Impossible de dormir. Je souffre de partout. J'essaie d'allumer. N'y parvenant pas, je me lève et, dans le noir, je me dirige à tâtons vers la chambre de ma femme. Dans le corridor, je tombe. Incapable de me relever, j'avance lentement en rampant. J'étouffe, j'ai très mal dans la poitrine. A l'entrée de la chambre de ma femme, je m'endors (je *rêve* que je m'endors).

Soudain, je m'éveille (je *rêve* que je m'éveille) en sursaut. Ma femme a toussé et j'ai eu très peur. Je m'aperçois alors qu'il m'est impossible de bouger. Je suis à plat ventre et ma poitrine, mon visage, pèsent horriblement sur le sol. Ils semblent s'y enfoncer. Je tente d'appeler ma femme, de lui faire entendre le mot « pa-ra-ly-sé ». En vain. Je pense avec une angoisse effroyable, que je suis aveugle, muet, paralysé et que je ne pourrai plus jamais rien communiquer de moi-même. Moi vivant, les autres seront seuls. Puis j'imagine un écran, la pression des mains sur une vitre sans la casser. Les douleurs diminuent progressivement. Jusqu'au moment où j'ai l'idée de contrôler du bout des doigts si je suis vraiment sur le parquet. Je pince légèrement des draps, je suis sauvé, je suis dans mon lit.

(Rêve du 18 juin 1937.)

✻

J'ai fréquemment éprouvé pendant la veille cette sensation d'isolement, ces angoisses, ces douleurs, cette agonie. Et chaque fois que je me mets en colère, je cherche à les reproduire, furieusement, désespérément.

D'avoir été souvent dans un état de faiblesse physique extrême, si visible que je me supposais déjà abandonné, oublié, je ressens dans les plus mauvais moments, le désir de priver volontairement les autres de moi et de vivre envers et contre *tous*.

Au fond du cœur

AU FOND DU CŒUR

Au fond du cœur, au fond de notre cœur, un beau jour, le beau jour de tes yeux continue. Les champs, l'été, les bois, le fleuve. Fleuve seul animant l'apparence des cimes. Notre amour c'est l'amour de la vie, le mépris de la mort. A même la lumière contredite, souffrante, une flamme perpétuelle. Dans tes yeux, un seul jour, sans croissance ni fin, un jour sur terre, plus clair en pleine terre que les roses mortelles dans les sources de midi.

Au fond de notre cœur, tes yeux dépassent tous les ciels, leur cœur de nuit. Flèches de joie, ils tuent le temps, ils tuent l'espoir et le regret, ils tuent l'absence.

La vie, seulement la vie, la forme humaine autour de tes yeux clairs.

Physique de la Poésie

PHYSIQUE DE LA POÉSIE

I

Figurer tel homme, telle femme, mais non pas l'homme, ni la femme. — *Le sujet* : ce terrain donne sur la mer, la mer sur le ciel, le ciel sur moi. Que vois-je ? Mon œil boucle-t-il cette ceinture ? Je suis loin de ce miroir et grand, je suis loin dans ce miroir et si petit. Quelle est, à ma taille sans cesse en mouvement, sans cesse différente, la taille du monde ? Autant prendre la taille de l'eau. — Les rapports entre les choses, à peine établis, s'effacent pour en laisser intervenir d'autres, aussi fugitifs. — Rien ne se décrit suffisamment, rien ne se reproduit littéralement. La vanité des peintres, qui est immense, les a longtemps poussés à s'installer devant un paysage, devant une image, devant un texte comme devant un mur, pour le répéter. Ils n'avaient pas faim d'eux-mêmes. Ils s'appliquaient. Le poète, lui, pense toujours à *autre chose*. L'insolite lui est familier, la préméditation inconnue. Victime de la philosophie, l'univers le hante [1]. « C'est un homme ou une pierre ou un arbre

---

[1]. « *Hommes, bêtes, plantes, pierres et étoiles, éléments, sons, couleurs, apparaissent ensemble comme une seule famille, agissent et s'entretiennent comme UNE même race.* » (Novalis, poème cité par Tieck.)

qui va commencer le quatrième chant. » *(Lautréamont)* [2].
Si c'est un homme, sera-ce celui qui s'agite inutilement ou cet autre qui ronge son sourire idiot comme une forte moustache ? La ressemblance niant l'universel, on ne fait pas le portrait de l'homme. C'est *un* homme qui parle pour l'homme, c'est *une* pierre qui parle pour les pierres, c'est *un* arbre qui parle pour toutes les forêts, pour l'écho sans visage, seul à subsister, seul, en fin de compte, à avoir été exprimé. Un écho général, une vie composée de chaque instant, de chaque objet, de chaque vie, la vie.

II

La pendule sonne deux coups de couteau et le sang de la vierge s'envole doucement sous la lune.

Les poèmes ont toujours de grandes marges blanches, de grandes marges de silence où la mémoire ardente se consume pour recréer un délire sans passé. Leur principale qualité est non pas d'évoquer, mais d'inspirer. Tant de poèmes d'amour sans objet réuniront des amants. D'autres destineront la femme du poète à un autre homme. En tirer une certaine satisfaction, l'objet s'amplifiant. Pour son amant, la femme aimée se substitue à toutes les femmes désirées, elle peut par conséquent être aimée de tous. De là à le vouloir... Que le langage se concrétise!

---

2. « *Henri d'Ofterdingen devient fleur, animal, pierre, étoile.* » (Note de Novalis.)

III

Combien d'images faudra-t-il au peintre pour montrer les confusions les plus simples, les métamorphoses les plus habituelles, comme : « C'est un homme ou une pierre ou un arbre qui va commencer le quatrième chant. » Car s'il se borne à figurer *telle* pierre ou *tel* arbre, nous contesterons toujours qu'il s'agisse de *cette* pierre ou de *cet* arbre plutôt que de tel autre, par définition plus évident puisqu'il ne nous est pas proposé. Cela à l'infini. Et l'homme? O Lautréamont sans visage! Et le mot *ou*, que devient-il? Combien faudra-t-il d'images au peintre pour montrer misérablement la pluie, dernier ressort des nuages, quand ils en ont assez de faire patte de velours? Combien d'images ou de fragments d'images pour tout ce qui ne vit que le temps de se défaire et qui ne spécule que sur la surprise, le contretemps, le contresens, l'oubli? « Rien, dit le Corporal. Oiseaux. » *(Alfred Jarry)*. Et les lapsus charmants, les mots nouveaux, les mots magiques, receleurs du phosphore des désirs, du plomb des candeurs, de l'agate haineuse? Quel est le trait qui dit je t'aime sans qu'on puisse en douter? Les mots gagnent. On ne voit ce qu'on veut que les yeux fermés, tout est exprimable à haute voix.

IV

Persuadés enfin de la pauvreté absolue de l'illustration littérale, quelques peintres de la seconde moitié du siècle dernier tentèrent d'exprimer par des symboles les images et même l'essence de la poésie qui leur était offerte. Mais l'effort littéraire et par conséquent limité que cela leur sembla nécessiter fit malheureusement que seuls des artistes mineurs purent s'essayer à cette tâche. Faute de n'avoir trouvé que des Rops, des Redon, des de Groux, l'illustration symbolique de la poésie mourut avant de reconquérir la place qui lui était due.

V

A partir de Picasso, les murs s'écroulent. Le peintre ne renonce pas plus à sa réalité qu'à la réalité du monde. Il est devant un poème comme le poète devant un tableau. Il rêve, il imagine, il crée. Et soudain, voici que l'objet virtuel naît de l'objet réel, qu'il devient réel à son tour, voici qu'ils font image, du réel au réel, comme un mot avec tous les autres. On ne se trompe plus d'objet, puisque tout s'accorde, se lie, se fait valoir, se remplace. Deux objets ne se séparent que pour mieux se retrouver dans leur éloignement, en passant par l'échelle de toutes les choses, de tous les êtres. Le lecteur d'un poème l'illustre forcément. Il boit à la source. Ce soir, sa voix a un autre son, la chevelure qu'il aime s'aère ou s'alourdit. Elle contourne le morne puits d'hier ou s'enfonce dans l'oreiller, comme un chardon.

C'est alors que les beaux yeux recommencent, comprennent et que le monde s'illumine.

L'évidence poétique

L'ÉVIDENCE POÉTIQUE

Fragments d'une conférence prononcée à Londres, le 24 juin 1936, à l'occasion de l'Exposition surréaliste, organisée par Roland Penrose.

Le temps est venu où tous les poètes ont le droit et le devoir de soutenir qu'ils sont profondément enfoncés dans la vie des autres hommes, dans la vie commune.

Au sommet de tout, oui, je sais, ils ont toujours été quelques-uns à nous conter cette baliverne, mais, comme ils n'y étaient pas, ils n'ont pas su nous dire qu'il y pleut, qu'il y fait nuit, qu'on y grelotte, et qu'on y garde la mémoire de l'homme et de son aspect déplorable, qu'on y garde, qu'on y doit garder la mémoire de l'infâme bêtise, qu'on y entend des rires de boue, des paroles de mort. Au sommet de tout, comme ailleurs, plus qu'ailleurs peut-être, pour celui qui *voit*, le malheur défait et refait sans cesse un monde banal, vulgaire, insupportable, impossible.

Il n'y a pas de grandeur pour qui veut grandir. Il n'y a pas de modèle pour qui cherche ce qu'il n'a jamais vu. Nous sommes tous sur le même rang. Rayons les autres.

N'usant des contradictions que dans un but égalitaire, la poésie, malheureuse de plaire quand elle se satisfait d'elle-même, *s'applique*, depuis toujours, malgré les persécutions de toutes sortes, à refuser de servir un ordre qui n'est pas le sien, une gloire indésirable et les avantages divers accordés au conformisme et à la prudence.

Poésie pure ? La force absolue de la poésie purifiera les hommes, tous les hommes. Écoutons Lautréamont : « *La poésie doit être faite par tous. Non par un.* » Toutes les tours d'ivoire seront démolies, toutes les paroles seront sacrées et l'homme, s'étant enfin accordé à la réalité, qui est sienne, n'aura plus qu'à fermer les yeux pour que s'ouvrent les portes du merveilleux.

※

Le pain est plus utile que la poésie. Mais l'amour, au sens complet, humain du mot, l'amour-passion n'est pas plus utile que la poésie. L'homme, en se plaçant au sommet de l'échelle des êtres, ne peut nier la valeur de ses sentiments, si peu productifs, si antisociaux qu'ils paraissent. « *Il a*, dit Feuerbach, *les mêmes sens que l'animal, mais chez lui la sensation, au lieu d'être relative, subordonnée aux besoins inférieurs de la vie, devient un être absolu, son propre but, sa propre jouissance.* » C'est ici que l'on retrouve la nécessité. L'homme a besoin d'avoir constamment conscience de sa suprématie sur la nature, pour s'en protéger, pour la vaincre.

Il a, jeune homme, la nostalgie de son enfance — homme, la nostalgie de son adolescence — vieillard, l'amertume d'avoir vécu. Les images du poète sont faites d'un objet à oublier et d'un objet à se souvenir. Il projette avec ennui ses prophéties dans le passé. Tout ce qu'il crée disparaît avec l'homme qu'il était hier. Demain, il connaîtra du nouveau. Mais aujourd'hui manque à ce présent universel.

L'imagination n'a pas l'instinct d'imitation. Elle est la source et le torrent qu'on ne remonte pas. C'est de ce sommeil vivant que le jour naît et meurt à tout instant.

L'évidence poétique

Elle est l'univers sans association, l'univers qui ne fait pas partie d'un plus grand univers, l'univers sans dieu, puisqu'elle ne ment jamais, puisqu'elle ne confond jamais ce qui sera avec ce qui a été. La vérité se dit très vite, sans réfléchir, tout uniment, et la tristesse, la fureur, la gravité, la joie ne lui sont que changements de temps, que ciels séduits.

Le poète est celui qui inspire bien plus que celui qui est inspiré. Les poèmes ont toujours de grandes marges blanches, de grandes marges de silence où la mémoire ardente se consume pour recréer un délire sans passé. Leur principale qualité est non pas, je le répète, d'invoquer, mais d'inspirer. Tant de poèmes d'amour sans objet réuniront, un beau jour, des amants. On rêve sur un poème comme on rêve sur un être. La compréhension, comme le désir, comme la haine, est faite de rapports entre la chose à comprendre et les autres, comprises ou incomprises.

C'est l'espoir ou le désespoir qui déterminera pour le rêveur éveillé — pour le poète — l'action de son imagination. Qu'il formule cet espoir ou ce désespoir et ses rapports avec le monde changeront immédiatement. Tout est au poète objet à sensations et, par conséquent, à sentiments. Tout le concret devient alors l'aliment de son imagination et l'espoir, le désespoir passent, avec les sensations et les sentiments, au concret.

※

Dans la vieille maison du nord de la France qu'habitent les actuels comtes de Sade, l'arbre généalogique qui est peint sur un des murs de la salle à manger n'a qu'une feuille morte, celle de Donatien-Alphonse-François de Sade, qui fut emprisonné par Louis XV, par Louis XVI, par la Convention et par Napoléon. Enfermé pendant trente années, il mourut dans un asile de fous, plus lucide et plus pur qu'aucun homme de son temps. En 1789, celui qui a bien mérité d'être appelé par dérision le Divin Marquis appelait de la Bastille le peuple au secours des prisonniers; en 1793, dévoué pourtant corps et âme à la Révolution, membre de la section des Piques, il se dressait contre la peine de mort, il réprouvait les crimes que l'on commet sans passion, il demeure athée devant le nouveau culte, celui de l'Être Suprême que Robespierre fait célébrer; il veut confronter son génie à celui de tout un peuple écolier de la liberté. A peine sorti de prison, il envoie au Premier Consul le premier exemplaire d'un libelle contre lui.

Sade a voulu redonner à l'homme civilisé la force de ses instincts primitifs, il a voulu délivrer l'imagination amoureuse de ses propres objets. Il a cru que de là, et de là seulement, naîtra la véritable égalité.

La vertu portant son bonheur en elle-même, il s'est efforcé, au nom de tout ce qui souffre, de l'abaisser, de l'humilier, de lui imposer la loi suprême du malheur, contre toute illusion, contre tout mensonge, pour qu'elle puisse aider tous ceux qu'elle réprouve à construire un monde à la taille immense de l'homme. La morale chrétienne, avec laquelle il faut souvent, avec désespoir et honte, s'avouer qu'on n'est pas près d'en finir, est une galère. Contre elle, tous les appétits du corps imaginant s'insurgent. Combien faudra-t-il encore hurler, se démener, pleurer avant que les figures de l'amour deviennent les figures de la facilité, de la liberté?

Écoutez la tristesse de Sade : « *C'est une chose très différente que d'aimer ou que de jouir; la preuve en est qu'on aime tous les jours sans jouir, et qu'on jouit encore plus souvent sans aimer.* » Et il constate : « *Les jouissances isolées ont donc des charmes, elles peuvent donc en avoir plus que toutes autres; eh! s'il n'en était pas ainsi, comment jouiraient tant de vieillards, tant de gens ou contrefaits ou pleins de défauts? Ils sont bien sûrs qu'on ne les aime pas, bien certains qu'il est impossible qu'on partage ce qu'ils éprouvent : en ont-ils moins de volupté ?* »

Et Sade, justifiant les hommes qui portent la singularité dans les choses de l'amour, s'élève contre tous ceux qui ne le reconnaissent indispensable que pour perpétuer leur sale race : « *Pédants, bourreaux, guichetiers, législateurs, racaille tonsurée, que ferez-vous quand nous en serons là ? Que deviendront vos lois, votre morale, votre religion, vos potences, votre paradis, vos Dieux, votre enfer, quand il sera démontré que tel ou tel cours de liqueurs, telle sorte de fibres, tel degré d'âcreté dans le sang ou dans les esprits animaux suffisent à faire d'un homme l'objet de vos peines ou de vos récompenses ?* »

C'est son parfait pessimisme qui lui donne la plus froide raison. La poésie surréaliste, la poésie de toujours, n'a jamais obtenu rien d'autre. Ce sont des vérités sombres qui apparaissent dans l'œuvre des vrais poètes, mais ce sont des vérités et presque tout le reste est mensonge. Et qu'on n'essaye pas de nous accuser de contradiction quand nous disons cela, qu'on ne nous oppose pas notre matérialisme révolutionnaire, qu'on ne nous oppose pas que l'homme doit, d'abord, manger. Les plus fous, les plus détachés du monde des poètes que nous aimons, ont peut-être remis la nourriture à sa place, mais cette place était plus haute que toutes, parce que symbolique, parce que totale. Tout y était résorbé.

On ne possède aucun portrait du marquis de Sade. Il est significatif qu'on n'en possède non plus aucun de Lautréamont. Le visage de ces deux écrivains fantastiques et révolutionnaires, les plus désespérément audacieux qui furent jamais, plonge dans la nuit des âges.

Ils ont mené tous deux la lutte la plus acharnée contre les artifices, qu'ils soient grossiers ou subtils, contre tous les pièges que nous tend cette fausse réalité besogneuse qui abaisse l'homme. A la formule : « Vous êtes ce que vous êtes », ils ont ajouté : « Vous pouvez être autre chose ».

Par leur violence, Sade et Lautréamont débarrassent la solitude de tout ce dont elle se pare. Dans la solitude, chaque objet, chaque être, chaque connaissance, chaque image aussi, prémédite de retourner à sa réalité sans devenir, de ne plus avoir de secret à révéler, d'être couvé tranquillement, inutilement par l'atmosphère qu'il crée.

Sade et Lautréamont, qui furent horriblement seuls, s'en sont vengés en s'emparant du triste monde qui leur était imposé. Dans leurs mains : de la terre, du feu, de l'eau, dans leurs mains : l'aride jouissance de la privation, mais aussi des armes, et dans leurs yeux la colère. Victimes meurtrières, ils répondent au calme qui va les couvrir de cendres. Ils brisent, ils imposent, ils terrifient, ils saccagent. Les portes de l'amour et de la haine sont ouvertes et livrent passage à la violence. Inhumaine, elle mettra l'homme debout, vraiment debout, et ne retiendra pas de ce dépôt sur la terre la possibilité d'une fin. L'homme sortira de ses abris et, face à la vaine disposition des charmes et des désenchantements, il s'enivrera de la force de son délire. Il ne sera plus alors un étranger, ni pour lui-même, ni pour les autres. Le surréalisme, qui est un instrument de connaissance et par cela même un instrument aussi bien de conquête que de défense, travaille à mettre au jour la conscience profonde de l'homme. Le surréalisme travaille à démontrer que la pensée est commune à tous; il travaille à réduire les différences qui existent entre les hommes et, pour cela, il refuse de servir un ordre absurde, basé sur l'inégalité, sur la duperie, sur la lâcheté.

Que l'homme se découvre, qu'il se connaisse, et il

se sentira aussitôt capable de s'emparer de tous les trésors dont il est presque entièrement privé, de tous les trésors aussi bien matériels que spirituels qu'il entasse, depuis toujours, au prix des plus affreuses souffrances, pour un petit nombre de privilégiés aveugles et sourds à tout ce qui constitue la grandeur humaine.

La solitude des poètes, aujourd'hui, s'efface. Voici qu'ils sont des hommes parmi les hommes, voici qu'ils ont des frères.

※

Il y a un mot qui m'exalte, un mot que je n'ai jamais entendu sans ressentir un grand frisson, un grand espoir, le plus grand, celui de vaincre les puissances de ruine et de mort qui accablent les hommes, ce mot c'est : fraternisation.

En février 1917, le peintre surréaliste Max Ernst et moi, nous étions sur le front, à un kilomètre à peine l'un de l'autre. L'artilleur allemand Max Ernst bombardait les tranchées où, fantassin français, je montais la garde. Trois ans après, nous étions les meilleurs amis du monde et nous luttons ensemble, depuis, avec acharnement, pour la même cause, celle de l'émancipation totale de l'homme.

En 1925, au moment de la guerre du Maroc, Max Ernst soutenait avec moi le mot d'ordre de fraternisation du Parti communiste français. J'affirme qu'il se mêlait alors de ce qui le regardait, dans la mesure même qu'il avait été obligé, dans mon secteur, en 1917, de se mêler de ce qui ne le regardait pas. Que ne nous avait-il été possible, pendant la guerre, de nous diriger l'un vers l'autre, en nous tendant la main, spontanément, violemment, contre notre ennemi commun : l'Internationale du profit.

« *O vous qui êtes mes frères parce que j'ai des ennemis !* »
a dit Benjamin Péret.

Contre ces ennemis, même aux bords extrêmes du découragement, du pessimisme, nous n'avons jamais été complètement seuls. Tout, dans la société actuelle, se dresse, à chacun de nos pas, pour nous humilier, pour nous faire retourner en arrière. Mais nous ne perdons pas de vue que c'est parce que nous sommes le mal, le mal au sens où l'entendait Engels, parce qu'avec tous nos semblables, nous concourons à la ruine de la bourgeoisie, à la ruine de son bien et de son beau.

C'est ce bien, c'est ce beau asservis aux idées de propriété, de famille, de religion, de patrie, que nous combattons ensemble. Les poètes dignes de ce nom refusent, comme les prolétaires, d'être exploités. La poésie véritable est incluse dans tout ce qui ne se conforme pas à cette morale qui, pour maintenir son ordre, son prestige, ne sait construire que des banques, des casernes, des prisons, des églises, des bordels. La poésie véritable est incluse dans tout ce qui affranchit l'homme de ce bien épouvantable qui a le visage de la mort. Elle est aussi bien dans l'œuvre de Sade, de Marx ou de Picasso que dans celle de Rimbaud, de Lautréamont ou de Freud. Elle est dans l'invention de la radio, dans l'exploit du *Tchéliouskine*, dans la révolution des Asturies [1], dans les grèves de France et de Belgique. Elle peut être aussi bien dans la froide nécessité, celle de connaître ou de mieux manger, que dans le goût du merveilleux. Depuis plus de cent ans, les poètes sont descendus des sommets sur lesquels ils se croyaient. Ils sont allés dans les rues, ils ont insulté leurs maîtres, ils n'ont plus de dieux, ils osent embrasser la beauté et l'amour sur la

---

[1]. Depuis, dans la merveilleuse défense du peuple espagnol contre ses ennemis.

bouche, ils ont appris les chants de révolte de la foule malheureuse et, sans se rebuter, essaient de lui apprendre les leurs.

Peu leur importent les sarcasmes et les rires, ils y sont habitués, mais ils ont maintenant l'assurance de parler pour tous. Ils ont leur conscience pour eux.

Peintres

JE PARLE DE CE QUI EST BIEN

Je parle de ce qui m'aide à vivre, de ce qui est bien. Je ne suis pas de ceux qui cherchent à s'égarer, à s'oublier, en n'aimant rien, en réduisant leurs besoins, leurs goûts, leurs désirs, en conduisant leur vie, c'est-à-dire la vie, à la répugnante conclusion de leur mort. Je ne tiens pas à me soumettre le monde par la seule puissance virtuelle de l'intelligence, je veux que tout me soit sensible, réel, utile, car ce n'est qu'à partir de là que je conçois mon existence. L'homme ne peut être que dans sa propre réalité. Il faut qu'il en ait conscience. Sinon, il n'existe pour les autres que comme un mort, comme une pierre ou comme du fumier.

Parmi les hommes qui ont le mieux prouvé leur vie et dont on ne pourra dire qu'ils ont passé sur la terre sans aussitôt penser qu'ils y restent, Pablo Picasso se situe parmi les plus grands. Après s'être soumis le monde, il a eu le courage de le retourner contre lui-même, sûr qu'il était, non de vaincre, mais de se trouver à sa taille. « Quand je n'ai pas de bleu, je mets du rouge, a-t-il dit ». Au lieu d'une seule ligne droite ou d'une courbe, il a brisé mille lignes qui retrouvaient en lui leur unité, leur vérité. Il a, au mépris des notions admises du réel objectif, rétabli le contact entre l'objet et celui qui le voit et qui, par conséquent, le pense, il nous a redonné, de la façon la plus audacieuse, la plus sublime, les preuves inséparables de l'existence de l'homme et du monde.

A tous ceux qui ne sauraient apercevoir à quel point la démarche de Picasso fut bouleversante, nous expliquerons ceci :

En général, la pensée essaie de distinguer d'abord les choses et leurs rapports : les choses fournissant des idées concrètes, leurs rapports des idées abstraites, et pour cela, il faut aller du sujet à l'objet. Or, pour parcourir ce chemin du sujet à l'objet, il faut une certaine dose de sympathie ou d'antipathie, donc des idées de valeur. Ceci mène souvent les animaux, les enfants, les sauvages, les fous, les poètes aux erreurs ou aux évidences les plus simples. Ils prennent un verre pour un gouffre ou un piège, le feu pour un joyau, la lune pour une femme, une bouteille pour une arme, un tableau pour une fenêtre. Ils font une erreur quand ils établissent le rapport par antipathie, mais quand ils l'établissent par sympathie, on peut affirmer que ce rapport leur sert à fonder leur vérité. Ils sont donc tour à tour fortifiés et victimes de cette faculté qu'ils ont de comparer. La vie est donc tour à tour bonne et mauvaise pour eux, comme pour les autres. Quelques-uns ne sortiront de cet état stagnant que pour retomber dans un autre état, aussi stagnant : les animaux se domestiquent, les enfants atteignent l'âge de raison, les sauvages se civilisent, les fous guérissent, les poètes s'oublient. Seuls, certains poètes parviennent à surmonter cette triste alternative et, propageant leur individualité, à transformer le cœur des hommes en leur montrant, toute nue, une raison poétique.

Les peintres ont été victimes de leurs moyens. La plupart d'entre eux s'est misérablement bornée à reproduire le monde. Quand ils faisaient leur portrait, c'était en se regardant dans un miroir, sans songer qu'ils étaient eux-mêmes un miroir. Mais ils en enlevaient le tain, comme ils enlevaient le tain de ce miroir qu'est le monde extérieur, en le considérant comme extérieur. En copiant une pomme, ils en affaiblissaient terriblement la réalité sensible. On dit d'une bonne copie d'une pomme : « On en mangerait ». Mais il ne viendrait à personne l'idée d'essayer. Pauvres natures mortes, pauvres paysages, figurations vaines d'un monde où pourtant tout s'agrippe aux sens de l'homme, à son esprit, à son cœur. Tout ce qui importe vraiment, c'est de participer, de bouger, de comprendre. Picasso, passant par-dessus tous les sentiments de sympathie et d'antipathie, qui ne se différencient qu'à peine, qui ne sont pas facteurs de mouvement, de progrès, a systématiquement tenté — et il a réussi — de dénouer les mille complications des rapports entre la nature et l'homme, il s'est attaqué à cette réalité que l'on proclame intangible, quand elle n'est qu'arbitraire, il ne l'a pas vaincue, car elle s'est emparée de lui comme il s'est emparé d'elle. Une présence commune, indissoluble.

L'irrationnel, après avoir erré, depuis toujours, dans des chambres noires ou éblouissantes, a fait, avec les tableaux de Picasso dérisoirement appelés cubistes, son premier pas rationnel et ce premier pas lui était enfin une raison d'être.

✻

Picasso a créé des fétiches, mais ces fétiches ont une vie propre. Ils sont non seulement des signes intercesseurs, mais des signes en mouvement. Ce mouvement les rend au concret. Entre tous les hommes, ces figures géométriques, ces signes cabalistiques : homme, femme, statue, table, guitare, redeviennent des hommes, des femmes, des statues, des tables, des guitares, plus familiers qu'auparavant, parce que compréhensibles, sensibles à l'esprit comme aux sens. Ce qu'on appelle la magie du dessin, des couleurs, recommence à nourrir tout ce qui nous entoure et nous-mêmes.

☼

On a dit que partir des choses et de leurs rapports pour étudier scientifiquement le monde, ce n'est pas notre droit, c'est notre devoir. Il aurait fallu ajouter que ce devoir est celui même de vivre, non pas à la manière de ceux qui portent leur mort en eux et qui sont déjà des murs ou des vides, mais en faisant corps avec l'univers, avec l'univers en mouvement, en devenir. Que la pensée ne se considère pas seulement comme un élément scrutateur ou réflecteur, mais comme un élément moteur, comme un élément panique, comme un élément universel, les rapports entre les choses étant infinis.

☼

Picasso veut la vérité. Non pas cette vérité fictive qui laissera toujours Galatée inerte et sans vie, mais une vérité totale qui joint l'imagination à la nature, qui considère tout comme réel et qui, allant sans cesse du particulier à l'universel et de l'universel au particulier, s'accommode de toutes les variétés d'existence, de changement, pourvu qu'elles soient nouvelles, qu'elles soient fécondes.

☼

Ce n'est qu'à partir de leur complication que les objets cessent d'être indescriptibles. Picasso a su peindre les objets les plus simples de telle façon que chacun devant eux redevenait capable, et non seulement capable mais désireux, de les décrire. Pour l'artiste, comme pour l'homme le plus inculte, il n'y a ni formes concrètes, ni formes abstraites. Il n'y a que communication entre ce qui voit et ce qui est vu, effort de compréhension, de relation — parfois de détermination, de création. Voir, c'est comprendre, juger, transformer, imaginer, oublier ou s'oublier, être ou disparaître.

Je pense à ce tableau célèbre de Picasso : la Femme en chemise, que je connais depuis bientôt vingt ans et qui m'a toujours paru à la fois si élémentaire et si extraordinaire. La masse énorme et sculpturale de cette femme dans son fauteuil, la tête grande comme celle du Sphinx, les seins cloués sur la poitrine, contrastent merveilleusement — et cela ni les Égyptiens, ni les Grecs, ni aucun autre artiste avant Picasso n'avaient su le créer — le visage aux traits menus, la chevelure ondulée, l'aisselle délicieuse, les côtes saillantes, la chemise vaporeuse, le fauteuil doux et confortable, le journal quotidien.

Je pense aux *Ma Jolie* qui, pour la première fois, confirment si brillamment la constatation de Léonard de Vinci : « L'air est rempli de pyramides aux droites rayonnantes qui partent de tous les points des corps lumineux et qui forment des angles d'autant plus aigus qu'elles s'éloignent davantage de leur point d'origine. »

Je pense aux *Ma Jolie*, aussi dénués de couleurs que ce qu'on a l'habitude de voir, que ce qu'on connaît bien. Elles ne surgissent pas de l'espace, elles sont l'espace même, contenues par les limites du tableau, comme les volutes d'une fumée qui emplira toute la chambre, illimitées et précises. Ni les limites du tableau, ni celles de la chambre ne m'arrêtent, tout le monde est ainsi qui se compose, se décompose, se recompose. O mémoire vague mais essentielle, je sais ce que, dehors, contient la nuit, ce que groupe l'invisible, quelles formes il enveloppe, il est en moi, léger ou péremptoire. Je vois en moi. Picasso a sorti le cristal de sa gangue.

*

André Breton, dans « Le Surréalisme et la Peinture » a écrit de Picasso : « Il tenait à une défaillance de volonté de cet homme que la partie qui nous occupe fût tout au moins remise, sinon perdue ». Oui, car cet homme tenait en main la clef fragile du problème de la réalité. Il s'agissait pour lui de voir ce qui voit, de libérer la vision, d'atteindre à la voyance. Il y est parvenu.

*

Le langage est un fait social, mais ne peut-on espérer qu'un jour le dessin, comme le langage, comme l'écriture, le deviendra et, qu'avec eux, il passera, du social, à l'universel. Tous les hommes communiqueront par la vision des choses et cette vision des choses leur servira à exprimer le point qui leur est commun, à eux, aux choses, à eux comme choses, aux choses comme eux. Ce jour-là, la véritable voyance aura intégré l'univers à l'homme — c'est-à-dire l'homme à l'univers.

AU-DELA DE LA PEINTURE

Vers 1919, à l'heure où l'imagination cherchait à dominer, à réduire les tristes monstres que la guerre avait fortifiés, Max Ernst résolut d'ensevelir la vieille Raison, qui causa tant de désordres, tant de désastres, non sous ses propres décombres — dont elle se fait des monuments — mais sous la libre représentation d'un univers libéré.

Il n'y a pas loin, par l'oiseau, du nuage à l'homme, il n'y a pas loin, par les images, de l'homme à ce qu'il *voit*, de la nature des choses réelles à la nature des choses imaginées. La valeur en est égale. Matière, mouvement, besoin, désir sont inséparables. L'honneur de vivre vaut bien qu'on s'efforce de vivifier. Pense-toi fleur, fruit et le cœur de l'arbre, puisqu'ils portent tes couleurs, puisqu'ils sont un des signes nécessaires de ta présence. Il ne te sera refusé de croire que tout est transmutable en tout qu'à partir du moment où tu n'en donneras pas idée.

Une interprétation véritablement matérialiste du monde ne peut pas exclure de ce monde celui qui le constate. La mort même le concerne, lui vivant, le monde vivant.

Je ne sais si jamais poète a été plus pénétré de ces vérités fondamentales que Max Ernst. Et c'est une première raison de regarder, d'admirer ce peintre comme un poète très haut. A travers ses collages, ses frottages, ses tableaux, s'exerce sans cesse la volonté de confondre formes, événements, couleurs, sensations, sentiments, le futile et le grave, le fugitif et le permanent, l'ancien et le nouveau, la contemplation et l'action, les hommes et les objets, le temps et la durée, l'élément et le tout, nuits, rêves et lumière.

Max Ernst s'est mêlé, s'est identifié à ce qu'il nous montre. En portant sa vue au-delà de cette réalité insensible à laquelle on voudrait que nous nous résignions, il nous fait entrer de plain-pied dans un monde où nous consentons à tout, où *rien n'est incompréhensible*.

LES MAINS LIBRES

Le papier, nuit blanche. Et les plages désertes des yeux du rêveur. Le cœur tremble.

Le dessin de Man Ray : toujours le désir, non le besoin. Pas un duvet, pas un nuage, mais des ailes, des dents, des griffes.

Il y a autant de merveilles dans un verre de vin que dans le fond de la mer. Il y a plus de merveilles dans une main tendue, avide, que dans tout ce qui nous sépare de ce que nous aimons. Ne laissons pas perfectionner, embellir ce qu'on nous oppose.

Une bouche autour de laquelle la terre tourne.

Man Ray peint pour être aimé.

NAISSANCES DE MIRÓ

Quand l'oiseau du jour, tout battant neuf, vint se nicher dans l'arbre des couleurs, Miró goûtait l'air pur, la campagne, le lait, les troupeaux, les yeux simples et la tendresse du sein glorieux cueillant la cerise de la bouche. Nulle aubaine ne lui fut jamais meilleure qu'un chemin orangé et mauve, des maisons jaunes, des arbres roses, la terre, en deçà d'un ciel de raisins et d'olives qui trouera longtemps les quatre murs et l'ennui.

Une des deux femmes que j'ai le mieux connues — en ai-je connu d'autres ? — quand je la rencontrai, venait de s'éprendre d'un tableau de Miró : *la Danseuse espagnole*, tableau qu'on ne peut rêver plus nu. Sur la toile vierge, une épingle à chapeau et la plume d'une aile.

Premier matin, dernier matin, le monde commence. M'isolerai-je, m'obscurcirai-je pour reproduire plus fidèlement la vie frémissante, le changement ? Des mots s'attachent à moi, que je voudrais dehors, au cœur de ce monde innocent qui me parle, qui me voit, qui m'écoute et dont Miró reflète, depuis toujours, les plus transparentes métamorphoses.

LA CONQUÊTE DE L'IRRATIONNEL

C'est en 1929 que Salvador Dali fait porter son attention sur les mécanismes internes des phénomènes paranoïaques, envisage la possibilité d'une méthode expérimentale basée sur le pouvoir subit des associations systématiques propres à la paranoïa ; cette méthode devait devenir par la suite la synthèse délirante-critique qui porte le nom d' « activité paranoïaque-critique ». Paranoïa : délire d'association interprétative comportant une structure systématique — Activité paranoïaque-critique : méthode spontanée de connaissance irrationnelle basée sur l'association interprétative-critique des phénomènes délirants. *La présence des éléments actifs et systématiques propres à la paranoïa garantissent le caractère évolutif et productif propre à l'activité paranoïaque-critique. La présence des éléments actifs et systématiques ne suppose pas l'idée de penser dirigé volontairement, ni de compromis intellectuel quelconque, car, comme on sait, dans la paranoïa, la structure active et systématique est consubstantielle au phénomène délirant lui-même — tout phénomène délirant de caractère paranoïaque, même instantané et subit, comporte déjà* « en entier » *la structure systématique et ne fait que s'objectiver* a posteriori *par l'intervention critique. L'activité critique intervient uniquement comme liquide révélateur des images, associations, cohérences et finesses systématiques, graves et déjà existantes au moment où se produit l'instantanéité délirante, et que seule, pour le moment à ce degré de réalité tangible, l'activité paranoïaque-critique permet de rendre à la lumière objective. L'activité paranoïaque-critique est une force organisatrice et productrice de hasard objectif. L'activité paranoïaque-critique ne considère plus isolément les phénomènes et images surréalistes, mais au contraire dans un ensemble cohérent de rapports systématiques et significatifs. Contre l'attitude passive, désintéressée, contemplative et esthétique des phénomènes irrationnels, l'attitude active, systématique, organisatrice, cognoscitive de ces mêmes phénomènes, considérés comme des événements associatifs, partiels et significatifs, dans le domaine authentique de notre expérience immédiate et pratique de la vie.*

Phénomènes paranoïaques : les images bien connues à figuration double, — la figuration peut être théoriquement et pratiquement multipliée, — tout dépend de la capacité paranoïaque de l'auteur. La base des mécanismes associatifs et le renouvellement des idées obsédantes permettent, comme c'est le cas dans un tableau de Salvador Dali, de représenter six images simultanées sans qu'aucune subisse la moindre déformation figurative — torse d'athlète, tête de lion, tête de général, cheval, buste de bergère, tête de mort. Des spectateurs différents voient dans ce tableau des images différentes; il va sans dire que la réalisation est scrupuleusement réaliste.

Salvador Dali :
La conquête de l'irrationnel.

UN DROIT DE REGARD ENFIN SUR LE POÈME

Sur la place grandie d'une seule ombre centrale et où les lampes et les arbres sautent le mur de la lumière, dix doigts transparents travaillent. Montreurs d'images, des plus anciennes : l'Enchantement, aux nouvelles qui sont la Grâce, ils perçoivent l'inconnu sous la forme amie du connu. Ici, nulle convention pour nous faire fuir cette complicité protectrice. Chaque part du connu, nous la rangeâmes où elle est. Elle nous apprend que nous fûmes en ordre, et que nous aurions pu rester délimités, isolés, perdus. Mais nous imaginâmes l'inconnu. Notre idéal prit corps.

Agiles, fines et fortes, les mains de Valentine Hugo retrouvent l'objet des mots, non orgueilleux, mais ambitieux : décrire, inventer, décrire, l'objet dont on ne peut douter, écume toujours neuve, premier sortilège. Un droit de regard enfin sur le poème. Naïf effort de la sincérité, de la conscience dans un domaine où le mensonge, même vain, s'anéantit! Et puis voir sans effort.

Sur la terre et sur l'eau, parmi les nuages et sur la vitre, nous avons admiré, sans les comprendre, ces souhaits, ces sceaux éphémères de mousse, d'herbes, de ramilles, de givre dont Valentine Hugo frappe la boule d'or pur qui s'en va rouler dans les plaines du papier.

AU PAYS DES HOMMES

> *Il n'y a pas un atome de cette vaste terre qui n'ait été un jour un homme vivant ; pas la plus petite goutte de pluie suspendue dans le plus mince nuage qui n'ait coulé dans des veines humaines.*
>
> Shelley : *Reine Mab.*

C'est au temps des premiers émois qu'André Masson m'a montré ses premiers tableaux. Leur lumière montait, les nuages descendaient; la rose du vin effeuillée dans les verres, de nouveaux miroirs reflétaient une réalité éternelle.

✼

Nous voyons souvent des nuages sur la table. Souvent aussi, nous y voyons des verres, des mains, des pipes, des cartes, des fruits, des couteaux, des oiseaux, des poissons.

✼

Bon ouvrier de la vertu, de la sagesse et du plaisir, André Masson, dévoué au mieux, levait l'interdit pesant sur la vision que le premier venu *devrait* avoir du monde.

✼

Bon ouvrier, frère, qui a recours aux matières précieuses. Qui accepte les bons services du plâtre, estimé par de grandes mains endurcies, des abats de linge, surface hors des étés. Un peu de ciel perçant les flancs livides. La couleur disponible.

✼

Les coquetteries du bois, filé dans des sucs ingénus, myriade de roues, innombrable famille d'yeux parfaitement visibles. Et soudain, cet élan vertical qui grée la coque de la forêt.

✼

Bon ouvrier. Une tombe dans la forêt, dans le four blanc de la forêt crépusculaire. Toute ruine évanouie, tout remords tranché, toute ridicule bénédiction conjurée, les oiseaux blessés ont fui cette pierre, dé retourné comme une peau, receleur de branches sans ombre.

André Masson a osé peindre le soleil plus grand que la forêt.

☼

La poésie de la vie reprenait ses droits. Les simples buveurs du soir se rassemblaient, se ressemblaient. Ils jouaient et buvaient en silence. Non le silence des sourds, mais celui qui a tout à dire, tout à entendre.

☼

C'était en 1923, avant le jonc, la corde, la couronne, la flamme et les constellations, l'homme. L'homme et la solitude partagée, la solitude. André Masson se leva pour ensevelir le temps sous les paysages et les objets de la Passion humaine. Sous le signe de la planète Terre.

Le Miroir de Baudelaire

« *La franchise absolue, moyen d'originalité.* »
Charles Baudelaire : *Fusées.*

« *C'était un bon garçon, qui affectait un rictus atroce...* »

Leconte de Lisle.

« *... sans cravate, le col nu, la tête rasée..., une tête de maniaque..., vraie toilette de guillotiné.* »

Les Goncourt.

« *Cette gravure* (le portrait de Baudelaire par Nargeot) *nous montre un visage hagard, sinistre, ravagé, méchant ; le visage d'un héros de cour d'assises, ou d'un pensionnaire de Bicêtre... Les Fleurs du Mal se sont épanouies sur sa figure...* »

Pontmartin.

« *Baudelaire est une des idoles de ce temps ; une espèce d'idole orientale, monstrueuse et difforme...* »

Ferdinand Brunetière.

etc., etc.

On voit que son physique a beaucoup servi Baudelaire.
Comment un tel homme, fait comme pas un autre pour réfléchir le doute, la haine, le mépris, le dégoût, la tristesse, pouvait-il manifester si hautement ses passions et vider le monde de son contenu pour en accuser les beautés défaites, les vérités souillées, mais si soumises, si commodes ? Pourquoi s'était-il donné pour tâche de lutter, avec une rigueur inflexible, contre la saine réalité, contre cette morale d'esclaves qui assure le bonheur et la tranquillité des prétendus hommes libres ? Pourquoi opposait-il le mal à faire au bien tout fait, le diable à Dieu, l'intelligence à la bêtise, les nuages au ciel immobile et pur ? Écoutez-le dire, et avec quelle violence désespérée, qu'il mentirait en n'avouant pas que tout lui-même est dans son livre. Malgré la solitude, malgré la pauvreté, malgré la maladie, malgré les lois, il avoue, il combat. Toutes les puissances du malheur se sont rangées de son côté. Peut-être y a-t-il quelque chance de gagner ? Le noir, le blanc triompheront-ils du gris, de la saleté ? La main vengeresse achèvera-t-elle d'écrire, sur les murs de l'immense prison, la phrase maudite qui les fera crouler ? Mais la lumière faiblit. La phrase était interminable. Baudelaire ne voit plus les mots, les mots précieux, mortels. Ses armes le blessent.

Une fois de plus, il découvre sa propre fin. Où des juges avaient été impuissants, la maladie réussit. Baudelaire est muet. De l'autre côté des murs, la nuit recommence à gémir.

✽

Vivant, mais *quand il se regarda dans la glace, il ne se reconnut pas et salua.* Tout est donc perdu. Baudelaire, en se saluant, se pense un autre. Définitivement.

« *Le poète*, avait-il écrit, *jouit de cet incomparable privilège, qu'il peut être à la fois lui-même et autrui... pour lui seul, tout est vacant ; et si de certaines places paraissent lui être fermées, c'est qu'à ses yeux elles ne valent pas la peine d'être visitées.* » Plus aucune place n'est visitable. A force d'avoir froid, faim, à force d'être seul, à force de vains efforts pour être entendu, à force d'être l'Ennemi, la fatigue et la mort l'emportent. Baudelaire s'abandonne.

Seules subsistent encore de grandes colères contre les Sœurs Hospitalières qui le soignent, qui veulent avec rudesse (c'est le mot de sa mère pourtant très pieuse) l'obliger à se soumettre à leurs pratiques — et des jurons. Quand il quitte l'Institut Saint-Jean et Sainte-Élisabeth, les Sœurs font procéder à des cérémonies purificatives [1].

✽

« *Je ne conçois guère (mon cerveau serait-il un miroir ensorcelé?) un type de Beauté où il n'y ait du Malheur.* » Ce goût du Malheur fait de Baudelaire un poète éminemment moderne, au même titre que Lautréamont ou

---

1. Voir les lettres de madame Aupick à Poulet-Malassis, publiées dans la *Nouvelle Revue Française* (n° du 1er novembre 1932).

Rimbaud. A une époque où le sens du mot bonheur se dégrade de jour en jour, jusqu'à devenir synonyme d'inconscience, ce goût fatal est la vertu surnaturelle de Baudelaire. Ce *miroir ensorcelé* ne s'embue pas. Sa profondeur préfère les ténèbres tissues de larmes et de peurs, de rêves et d'étoiles aux lamentables cortèges des nains du jour, des satisfaits noyés dans leur sourire béat. Tout ce qui s'y reflète profite de l'étrange lumière que les ombres d'une vie infiniment soucieuse d'elle-même créent et fortifient, avec amour.

✢

Ce *guillotiné* avait sa tête bien à lui. Nul homme n'est plus lucide. Nul homme n'est plus beau. Le portrait que Matisse nous en donne confirme ce que nous en avait appris Deroy, Courbet, Manet, Duchamp-Villon et toutes les merveilleuses photographies de Nadar où Baudelaire ne se voit pas poser, où, hors du lieu et de l'espace, il dure, lui, l'apologiste du dandysme, c'est-à-dire « *de ce qui participe du caractère d'opposition et de révolte... de ce qu'il y a de meilleur dans l'orgueil humain...* » Et nul homme non plus n'a été aussi possédé de lui-même.

Henri Matisse nous montre une image actuelle de Baudelaire. Voici le visage sans grimace, aigu, attentif et fixe, considérant toute chose dans sa masse, sa consistance, sa force, sa couleur, son détail, et la situant dans l'univers pathétique où elle sera l'objet de l'homme, sa proie et le moteur même de son inquiétude, surtout si cet objet donne, dans un miroir, l'illusion du sujet, l'homme lui-même.

« *Les méprises relatives aux visages*, écrit Baudelaire, *sont le résultat de l'éclipse de l'image réelle par l'hallucination qui en tire sa naissance.* » Il faut aussi admettre que lorsqu'il y a confusion totale entre l'image réelle et l'hallucination qu'elle a provoquée, aucune méprise n'est possible. La ressemblance entre deux objets est faite autant de l'élément subjectif qui contribue à l'établir que des rapports objectifs qui existent entre eux. Le poète, halluciné par excellence, établira des ressemblances à son gré entre les objets les plus dissemblables (littéralement il déteint sur eux) sans que la surprise qui en résultera permette immédiatement autre chose que la surenchère. Par contagion.

Mais les moyens que l'homme a de constater objectivement, rationnellement la ressemblance sont parfaitement différents de ceux qu'il a d'identifier. Il serait possible, en déformant patiemment et progressivement la photographie d'eux-mêmes qu'on leur montre, d'obtenir de certains primitifs qu'ils sachent ce qu'elle représente. Des lunettes spéciales guériront peut-être un jour, aussi bien de l'illusion de fausse reconnaissance que de cette cécité très particulière, amnésie ou misanthropie, qui ne laisse jamais rencontrer un homme ou une femme que pour la première fois.

« *Un tableau*, dit encore Baudelaire, *n'est que ce qu'il veut ; il n'y a pas moyen de le regarder autrement que dans son jour.* » La ressemblance implique la comparaison, le goût et le pouvoir de comparer. Or, nous sommes plus tentés de regarder ce portrait de Baudelaire par Matisse dans le jour de l'œuvre de Matisse [1], que de le comparer à d'autres portraits dont un au moins, le premier qui nous apparut, celui d'Émile Deroy, n'a pas eu, dans le moment, de terme de comparaison. Pourtant, nous avons cru et

---

1. « *Je me suis inventé en considérant d'abord mes premières œuvres. Elles trompent rarement. J'y ai trouvé une chose toujours semblable que je crus à première vue une répétition mettant de la monotonie dans mes tableaux. C'était la manifestation de ma personnalité apparue la même, quels que fussent les divers états d'esprit par lesquels j'ai passé.* » (Déclaration d'Henri Matisse à Guillaume Apollinaire.)

nous croyons encore en lui, malgré la faiblesse de son exécution, plus évidente pour nous que lorsque nous avions seize ans.

Raison de plus pour que, venant d'un peintre dont Baudelaire, le plus grand, peut-être le seul critique d'art du XIXe siècle, aurait passionnément aimé [2] l'irrationnel échiquier de couleurs et la bouleversante simplicité de lignes [3], l'image d'Henri Matisse nous paraisse naturelle et nouvelle.

Dans la *Glace sans tain* du temps, nous reconnaissons toujours Baudelaire, physiquement et moralement, sans l'avoir jamais vu.

---

2. Tant de tableaux pour l'enchanter : *les Poissons rouges, la Danse, la Figure au tabouret, la Glace sans tain, les Citrons, le Rideau jaune, l'Atelier de l'artiste,* les peintures d'Étretat, *la Leçon de piano,* tant... et surtout toutes les Odalisques, tous les nus exotiques.
3. « *Le dessin arabesque est le plus idéal de tous.* » (Charles Baudelaire : *Fusées.*)

Premières vues anciennes

> « Quelques choses qui s'offrent à toi dans mille volumes, comme fable ou comme vérité, tout cela n'est qu'une tour de Babel, si l'amour ne le relie pas. »
>
> Goethe : *Xénies apprivoisées.*

Baudelaire n'hésite pas à se contredire. Il sait qu'il établit la Vérité. Cet immense poète a toujours simultanément dévoilé les faces opposées, réflectrices de son génie.

Les femmes lui ont inspiré d'atroces pensées, mais aussi les plus beaux poèmes et cette dédicace des *Paradis artificiels*, qui reste la plus troublante, la plus humaine lettre d'amour :

... il est évident que comme le monde naturel pénètre dans le spirituel, lui sert de pâture, et concourt ainsi à opérer cet amalgame indéfinissable que nous nommons notre individualité, la femme est l'être qui projette la plus grande ombre ou la plus grande lumière dans nos rêves. La femme est fatalement suggestive ; elle vit d'une autre vie que la sienne propre : elle vit spirituellement dans les imaginations qu'elle hante et qu'elle féconde.

Baudelaire aux bras tendus, aux mains ouvertes, juste entre les hommes, homme entre les justes et Baudelaire malheureux, oublié, exilé, absurde. Baudelaire blanc, Baudelaire noir, jour et nuit le même diamant, dégagé des poussières de la mort.

✻

Là où il n'y a pas de toi, il n'y a pas de moi, et la distinction entre le moi et le toi, ce fondement de toute personnalité et de toute conscience, n'est réalisée d'une manière vivante que dans la différence de l'homme et de la femme. Le toi entre la femme et l'homme a un tout autre son que le toi monotone entre amis.

Ludwig Feuerbach, *Essence du christianisme.*

✻

La Poésie ne rythmera plus l'action; elle sera en avant. Ces poètes seront! Quand sera brisé l'infini servage de la femme, quand elle vivra pour elle et par elle, l'homme — jusqu'ici abominable — lui ayant donné son renvoi, elle sera poète, elle aussi. La femme trouvera de l'inconnu! Ses mondes d'idées différeront-ils des nôtres? Elle trouvera des choses étranges, insondables, repoussantes, délicieuses; nous les prendrons, nous les comprendrons.

Arthur Rimbaud, *Lettre* dite *du Voyant.*

El Desdichado, Myrtho, Horus, Delfica, Antéros, Artémis, Fantaisie, les Cydalises, ces poèmes supernaturalistes « *guère plus obscurs,* écrit Nerval, *que la métaphysique d'Hegel ou les Mémorables de Swedenborg* » sont à tel point parfaits, leur vue est si nouvelle et porte si loin que nous nous étonnons de la nullité, de l'inutilité de ses poèmes de jeunesse.

✵

*Reconnais-tu le Temple au péristyle immense
Et les citrons amers où s'imprimaient tes dents*

Gérard de Nerval, *Delfica.*

Tout Chirico, là, se découvre. La même énigme, la même mer inexplorable, la même place dépeuplée, les mêmes fruits sacrés d'une passion secrète, la même faculté de se perdre, mais chez Chirico, la faculté aussi de tout perdre, de se gâcher, de se nier. La vie, soudain, n'est plus une fenêtre sur ces paysages et ces sentiments qui ont fait vœu d'éternité. La Raison se détourne de sa lumière, se déprave.

« *Or, bien que la raison soit universelle,* dit Héraclite, *la plupart vivent comme s'ils avaient une intelligence particulière.* » Chirico a réalisé ce prodige de peindre des paysages *nouveaux*. Nous en connaissons tous les éléments, leur ordonnance, ces places sont pareilles *extérieurement* à des places existantes et pourtant nous ne les avions *jamais vues*. Ces mannequins banaux n'existaient pas avant lui. Nous sommes dans un monde impensé, impensable auparavant. Puis Chirico démonte ce mystère, l'aggrave, il nous en montre l'*Intérieur métaphysique*. Et en 1918, tout est fini.

En 1929, alors qu'il ne reste plus aucun espoir de le voir se reprendre, ce peintre qui dément avoir été l'un des plus grands révélateurs de poésie, écrit l'extraordinaire *Hebdomeros*. On pense à Nerval écrivant *Aurélia*. Comme dans un rêve.

✡

Aux armes, citoyens! Il n'y a plus de RAISON.
        Jules Laforgue, *Derniers vers.*

✡

Un coup de ton doigt sur le tambour décharge tous les sons et commence une nouvelle harmonie.
        Arthur Rimbaud, *A une Raison.*

✡

O Soleil c'est le temps de la Raison ardente
        Guillaume Apollinaire, *Calligrammes.*

✡

... il faut rendre à la raison humaine sa fonction de turbulence et d'agressivité. *On contribuera ainsi à fonder*

Premières vues anciennes

un surrationalisme qui multipliera les occasions de penser. Quand ce surrationalisme aura trouvé sa doctrine, il pourra être mis en rapport avec le surréalisme, car la sensibilité et la raison seront rendues, l'une et l'autre, à leur fluidité. Le monde physique sera expérimenté dans des voies nouvelles. On comprendra autrement et l'on sentira autrement.

. . . .
... la raison était une tradition.

Le temps de cet enrichissement monotone paraît fini. On a moins besoin maintenant de découvrir des choses que des idées. L'expérience se divise. La simplicité change de camp. Ce qui est simple, c'est le massif, c'est l'informe. Ce qui est composé, c'est l'élément. La forme élémentaire se révèle polymorphe et chatoyante dans le moment même où la forme massive tend à l'amorphe. Soudain l'unité scintille.

. . . .
Si, dans une expérience, on ne joue pas sa raison, cette expérience ne vaut pas la peine d'être tentée.

Le risque de la raison doit d'ailleurs être total. C'est son caractère spécifique d'être total. Tout ou rien...

Toute découverte réelle détermine une méthode nouvelle, elle doit ruiner une méthode préalable. Autrement dit, dans le règne de la pensée l'imprudence est une méthode... Il faut aller le plus vite possible dans les régions de l'imprudence intellectuelle.

Gaston Bachelard, *Le Surrationalisme*.

※

Il ne faut jamais oublier qu'un tableau doit toujours être le reflet d'une sensation profonde et que profond veut dire étrange et qu'étrange veut dire peu connu ou tout à fait inconnu.

. . . .

Il y a bien plus d'énigmes dans l'ombre d'un homme qui marche au soleil que dans toutes les religions passées, présentes et futures.

. . . .

Pour qu'une œuvre d'art soit vraiment immortelle, il faut qu'elle sorte complètement des limites de l'humain : le bon sens et la logique y feront défaut. De cette façon, elle s'approchera du rêve et de la mentalité enfantine.

. . . .

Un peintre a peint une énorme cheminée rouge
Qu'un poète adore comme une divinité.

. . . .

La rafale est passée, secouons la grande main rouge.
Le printemps gronde à midi ; on a peur.

. . . .

Au-delà de tous les tableaux.

Giorgio de Chirico, 1911-1913.

✻

L'homme entièrement conscient s'appelle le voyant.
Novalis, Fragments.

✻

Le poète doit, le premier, pouvoir prouver ce qu'il dit.
Salvador Dali, Métamorphose de Narcisse.

✻

Si je suis un idiot, je viens d'entendre aujourd'hui ma propre voix dire des mots qui feraient lever le chignon à un poète dans une ville de marchands.

J.-M. Synge,
Le Baladin du Monde occidental.

✧

Ce qui est maintenant prouvé ne fut autrefois qu'imaginé.

William Blake, *Proverbes de l'Enfer.*

✧

Dans le langage ordinaire, les mots servent à rappeler les choses ; mais quand le langage est vraiment poétique, les choses servent toujours à rappeler les mots.

Joubert, *Pensées.*

✧

L'Univers est une catastrophe tranquille ; le poète démêle, cherche ce qui respire à peine sous les décombres et le ramène à la surface de vie.

Saint-Pol Roux,
Les Reposoirs de la Procession.

✧

L'homme voit, dans ces images naturelles, des images à lui, l'alchimie de ses souvenirs, ses délires... Il vit ses hallucinations, ces hallucinations qui sont, qui ont été vécues ailleurs. Il vit ses désirs. Il vit.

Georges Hugnet, *L'œil de l'aiguille.*

✧

Un poing sur la réalité bien pleine.

Pierre Reverdy, *La Guitare endormie.*

✻

Tout porte à croire qu'il existe un certain point de l'esprit d'où la vie et la mort, le réel et l'imaginaire, le passé et le futur, le communicable et l'incommunicable, le haut et le bas cessent d'être perçus contradictoirement. Or c'est en vain qu'on chercherait à l'activité surréaliste un autre mobile que l'espoir de déterminer ce point.

André Breton,
Second Manifeste du Surréalisme.

✻

Tout ce que j'aime, tout ce que je pense et ressens, m'incline à une philosophie particulière de l'immanence d'après laquelle la surréalité serait contenue dans la réalité même (ne lui serait ni supérieure ni extérieure). Et réciproquement, car le contenant serait aussi le contenu. Il s'agirait presque d'un vase communicant entre le contenu et le contenant.

André Breton,
Le Surréalisme et la Peinture.

✻

Le poète à venir surmontera l'idée déprimante du divorce irréparable de l'action et du rêve.

. . . .

... Au procès immémorialement intenté par la connaissance rationnelle à la connaissance intuitive, il lui appartiendra de produire la pièce capitale qui mettra fin au débat. L'opération poétique, dès lors, sera conduite au grand jour. On aura renoncé à chercher querelle à certains hommes, qui tendront à devenir tous les hommes, des manipulations longtemps suspectes pour les autres, longtemps équivoques

pour eux-mêmes, auxquelles ils se livrent pour retenir l'éternité dans l'instant, pour fondre le général dans le particulier.

André Breton, *Les Vases communicants.*

O psychologues, je vous vois venir. Eh bien non, ne supposez pas le poète volontairement sincère. Encore une fois, cette vérité que vous recherchez en lui ne peut être représentée que par ce dont il parle; sinon, vous ne la distingueriez pas. Réduisez, dès lors, son rôle à celui d'ordonnateur d'idées, d'objets, de sentiments, d'action. Il ne se trompe jamais, tandis qu'il y a des erreurs sincères.

Pour lui, rien ne se décrit si bien que ce qui se connaît à peine. On ne découvre que ce qu'on ne connaît pas. La volonté de découverte est inefficace. *Je sais*, dit Jean-Jacques Rousseau, *que la vérité est dans les choses et non dans mon esprit qui les juge, et que moins je mets de moi dans les jugements que j'en porte, plus je suis sûr d'approcher de la vérité.* Et René Char : *L'oscillation d'un auteur derrière son œuvre, c'est de la pure toilette matérialiste.*

✿

Contemplateurs et miroirs fidèles.
Ce ne sont pas forcément des amoureux qui ont écrit les plus beaux poèmes d'amour — et quand ce sont des amoureux, ils n'en rendaient pas leur amour respon-

sable. Pourtant, le reflet de toutes ces paroles prononcées, inventées est sur eux, en eux, indélébile. Et il leur faut supporter ce reflet et rester sans cesse absolument disponibles, refléter et voir, vertu d'éternité. Voir c'est recevoir, refléter c'est donner à voir.

✽

La poésie est le réel absolu.

Novalis, *Fragments.*

Il devint ce qu'il voyait.

William Blake, *Milton.*

*A propos d'*Hamlet, *qu'il nous soit permis d'ajouter une simple remarque, dont nous revendiquons la priorité. Shakespeare a dû savoir que l'on observe chez certaines personnes extrêmement ivres, de quelque ivresse qu'il s'agisse, le penchant presque irrésistible à feindre leur égarement plus complet qu'elles ne l'éprouvent en réalité. On est amené, par analogie, à soupçonner qu'il en va pareillement pour la folie, — ce qui, d'ailleurs, paraît hors de doute. Le poète sentit qu'il en était ainsi : il ne le pensa pas. Il en eut l'intuition, grâce à son merveilleux pouvoir d'identification, source suprême de son influence sur les hommes.*

Edgar Poe, *Marginalia.*

✽

Un homme pour être superlativement bon doit imaginer avec force et étendue : il doit se mettre lui-même à la place d'un autre et de beaucoup d'autres ; les peines et les plaisirs de son espèce doivent devenir les siens. Le grand instrument du bien moral est l'imagination ; et la poésie concourt à l'effet en agissant sur la cause. La poésie élargit le champ de l'imagination en la remplissant de pensées qui lui apportent une joie toujours nouvelle, pensées qui ont le pouvoir d'attirer et d'assimiler à leur propre nature toutes les autres pensées, et qui forment de nouveaux intervalles ou interstices, dont le vide appelle toujours un nouvel aliment.

Shelley, *Défense de la poésie.*

Le poète jouit de cet incomparable privilège, qu'il peut à sa guise être lui-même et autrui.

Charles Baudelaire, *Le Spleen de Paris.*

Je *est* un autre.

Arthur Rimbaud, *Lettre.*

※

Les yeux sont les fous du cœur.

Shakespeare, *Macbeth.*

Je discerne avec peine ce que je vois avec les yeux de la réalité de ce que voit mon imagination.

Achim d'Arnim, *Contes bizarres.*

Nous les hommes fous et aveugles qui voyons.

A. C. Swinburne, *Chants d'avant l'aube.*

※

Rien n'est plus poétique que toutes les transitions, tous les mélanges hétérogènes.

Novalis, *Fragments.*

Grand style (rien de plus beau que le lieu commun).
Charles Baudelaire, *Mon cœur mis à nu.*

Style. — La note éternelle, le style éternel et cosmopolite. Chateaubriand, Alph. Rabbe. Edgar Poe.
Charles Baudelaire, *Fusées.*

☆

Un poème est l'image même de la vie exprimée dans son éternelle vérité.
Shelley, *Défense de la poésie.*

La poésie doit avoir pour but la vérité pratique.
Lautréamont, *Poésies.*

☆

En tâchant de restreindre toujours davantage ma propre participation active au devenir du tableau.
. . . .
De même que le rôle du poète, depuis la célèbre lettre du Voyant, *consiste à écrire sous la dictée de ce qui se pense (s'articule) en lui, le rôle du peintre est de cerner et de* projeter ce qui se voit en lui. *Vasari relate que Piero di Cosimo restait plongé parfois dans la considération d'un mur sur lequel des personnes malades avaient pris l'habitude de cracher ; de ces taches, il formait des batailles équestres, les villes les plus fantastiques et les paysages les plus magnifiques qu'on ait jamais vus ; il faisait de même avec les nuages du ciel.*
Max Ernst, *Au-delà de la Peinture.*

Nous savons à quels mensonges toute préoccupation esthétique peut mener la « beauté » et la « morale » ; jusqu'au point où la longueur de la barbe indiquerait la force de l'intellect et la virilité.

Le mépris complet de toute formule esthétique ou timide, lié à une grande familiarité du métier, peuvent seuls servir une nouvelle condition sociale et la faire valoir.

>Man Ray, *Sur le réalisme photographique.*

❊

Le poète *voit* dans la même mesure qu'il *se montre*. Et réciproquement. Un jour tout homme montrera ce que le poète a vu. Fin de l'imaginaire.

C'est entre 1866 et 1875 que les poètes entreprirent de réunir systématiquement ce qui semblait à tout jamais séparé. Lautréamont le fit plus délibérément qu'aucun autre. Ce merveilleux médium comprit qu'il se produisait un véritable phénomène intellectuel *(alors que j'écris, de nouveaux frissons parcourent l'atmosphère intellectuelle : il ne s'agit que d'avoir le courage de les regarder en face)*. Il ignorait Rimbaud, Rimbaud l'ignorait et c'est pourtant la même voix qui leur dicte,
à Rimbaud : *Ma faim, c'est les bouts d'air noir*
à Lautréamont : *dans l'air beau et noir,*

à Lautréamont : *Le vautour des agneaux, beau comme la loi de l'arrêt de développement de la poitrine chez les adultes dont la propension à la croissance n'est pas en rapport avec la quantité de molécules que leur organisme s'assimile, se perdit dans les hautes couches de l'atmosphère.*
et à Rimbaud : *On voit, — roulant comme une digue au-delà de la route hydraulique motrice,*
Monstrueux, s'éclairant sans fin, — leur stock d'études.

C'est l'époque où Mallarmé écrit *Igitur*, cette dernière nuit sans lune d'un fantôme qu'*Un Coup de dés...* viendra, trente ans après, dissiper; l'époque à laquelle

Lewis Carroll chasse le Snark *avec une obligation de chemin de fer, avec des sourires et du savon,* avec l'authentique sens poétique que, par humour, il baptise non-sens.

L'intelligence poétique voyait enfin ses frontières détruites et redonnait son unité au monde.

✻

*On ne s'assied plus aux tables
Des heureux, puisqu'on est mort.*

Charles Cros, *Liberté*.

Seuls, les vivants s'assoient aux tables. Puisque les morts sont malheureux, que les malheureux meurent. Pourquoi refuser de s'asseoir aux tables des heureux ? Parce qu'on est mort. Mieux vaut s'avouer mort que malheureux. On reprend ainsi le dessus sur les heureux, sur les vivants. La mort n'est d'ailleurs dans la suite du poème que mort morale, mort au monde.

✻

*Delacroix, lac de sang hanté des mauvais anges,
Ombragé par un bois de sapins toujours vert,
Où, sous un ciel chagrin, des fanfares étranges
Passent comme un soupir étouffé de Weber.*

Lac de sang : *le rouge ;* — hanté des mauvais anges : *surnaturalisme ;* — un bois toujours vert : *le vert, complémentaire du rouge ;* — un ciel chagrin : *les fonds tumultueux et orageux de ses tableaux ;* — *les* fanfares *et* Weber : *idées de musique romantique que réveillent les harmonies de sa couleur.*

Charles Baudelaire,
Exposition Universelle de 1855.

✧

Ta langue le poisson rouge dans le bocal de ta voix

Impression du déjà vu, justesse apparente de cette image d'Apollinaire. Il en va de même pour :

Ruisseau, argenterie des tiroirs du vallon

de Saint-Pol Roux.

Un mot n'exprime jamais complètement un objet. Il ne peut qu'en donner idée, que le représenter sommairement. Il faut se contenter de quelques rapports simples : la *langue* et le *poisson rouge* sont mobiles, agiles, rouges; *ruisseau-argenterie* rajeunit à peine la métaphore banale du ruisseau aux flots d'argent. Mais à la faveur de ces identités élémentaires, de nouvelles images, plus arbitraires parce que formelles, se composent : *le bocal de ta voix, les tiroirs du vallon.* On perd de vue *ta langue de ta voix, le poisson rouge dans le bocal, le ruisseau du vallon, l'argenterie des tiroirs,* pour ne s'attacher qu'à l'inattendu, qu'à ce qui frappe et paraît réel, l'inexplicable : *le bocal de ta voix, les tiroirs du vallon.* Le reste est tout au plus fantaisiste.

✧

L'image par analogie (ceci est *comme* cela) et l'image par identification (ceci *est* cela) se détachent aisément du poème, tendent à devenir poèmes elles-mêmes, en s'isolant. A moins que les deux termes ne s'enchevêtrent aussi étroitement l'un que l'autre à tous les éléments du poème.

Une image peut se composer d'une multitude de termes, être tout un poème et même un long poème. Elle est alors soumise aux nécessités du réel, elle évolue dans le temps et l'espace, elle crée une atmosphère constante, une action continue. Pour ne citer que des poètes de ce siècle, Raymond Roussel, Pierre Reverdy, Giorgio de Chirico, Salvador Dali, Gisèle Prassinos, Pablo Picasso ont ainsi fait vivre parfois dans le développement d'une seule image l'infinité des éléments de leur univers.

※

L'on souhaiterait qu'une image soutînt les images.
Paul Nougé, *Les Images défendues.*

Et Paul Nougé, toujours à propos de René Magritte, insiste : *Il n'est pas nécessaire d'aller jusqu'à l'hypnose. Certaines images isolées que nous présente la peinture sont capables de fixer la conscience claire au point de la faire coïncider avec elles et d'arrêter le flux de paroles et de fantômes, l'immense* fuite *qui la constitue normalement.*

※

Il y a de grandes étendues de nuit. Le raisonnement n'a que le mérite de s'en servir. Dans ses bons moments, il les évite. La poésie les dissout. Elle est l'art des lumières.

Il apparaît qu'aussitôt la pensée abandonnée à sa propre course, elle rassemble, avec une rapidité affolée, les rapports saisissables entre les choses, de manière à ce qu'en surgisse cette révélation de l'unité qu'on peut bien définir le but auquel, de toutes manières, tend la conscience humaine.

La technique innovée par Lautréamont devait par elle-même contribuer à faire de lui le maître des métaphores...

A. Rolland de Renéville,
L'expérience poétique.

※

Beau comme la rencontre fortuite sur une table de dissection d'une machine à coudre et d'un parapluie !

Les descriptions sont une prairie, trois rhinocéros, la moitié d'un catafalque. Elles peuvent être le souvenir, la prophétie. Elles ne sont pas le paragraphe que je suis en train de terminer.

le rubis du champagne

le canard du doute, aux lèvres de vermouth
Lautréamont.

✼

la mer de la veillée, telle que les seins d'Amélie

Trouve des Fleurs qui soient des chaises

le pavillon en viande saignante

son cœur ambre et spunsk

Cette famille est une nichée de chiens
Rimbaud.

✼

Pas un jeu de mots. Tout est comparable à tout, tout trouve son écho, sa raison, sa ressemblance, son opposition, son devenir partout. Et ce devenir est infini.

« Arrêtons-nous avant d'assembler les lettres. Au-delà du possible, oublions la lecture, l'écriture, l'orthographe — et même la sensationnelle épellation des bègues.

La lettre mange le mot comme une ligne droite infinie le dessin. Pure abstraction en soi, elle n'est vraiment concrète que pour ces idiots de la vue qui en ont la perception brute. C'est en considérant cette cécité psychique que Mesens nomme son alphabet : sourd aveugle.

Ce degré franchi, sachons-lui gré de nous imposer ces belles initiales qui déterminent encore, après les avoir remplacés, l'emblème, le symbole et l'image... »

A peine venais-je d'écrire ces lignes en préface à un livre de poèmes de E. L. T. Mesens *(Alphabet sourd aveugle)* que je découvrais dans *Grains et Issues* de Tristan Tzara, publié dans le N° 6 du *Surréalisme au service de la Révolution*, une particularité typographique singulière. A la page 55, six lignes se suivant commencent par un *p* : *principes, profondeurs, par, publique, probabilités, préférant.* Et ces mots, dans mon exemplaire, ont été légèrement soulignés par la feuille de plomb qui constitue l'interligne. Particularité d'autant plus singulière qu'à la page précédente, Tristan Tzara parle de la *demi-douzaine de Rescapés de l'Alphabet*. *Grains et Issues*, texte en prose, ayant été écrit rapidement, puis dactylographié et la composition typographique de la revue (dont les lignes contiennent un grand nombre de signes : 96) étant mécanique, ce hasard parfaitement objectif se soumettait à ce qui, pour Tzara, n'était qu'une image difficilement explicable (pourquoi *six*?). L'ordre tout extérieur de cette demi-douzaine d'initiales, rescapées de l'alphabet, cette introduction d'une certaine égalité rigoureusement objective de distance dans les espaces tout abstraits de la pensée, infirment le peu d'importance que nous conférons à la nécessité extérieure et le manque de conscience dont nous faisons preuve en ne cherchant pas à confronter le réel objectif avec les données de notre inconscient.

Quand le hasard nous montre que nos limites peuvent être indéfiniment éloignées, nous regrettons notre prudence et nos méthodes, nous sommes malheureux.

✧

Nous sommes nécessaires.

On pourrait définir le collage comme un composé alchimique de deux ou plusieurs éléments hétérogènes, résultant de leur rapprochement inattendu, dû, soit à une volonté tendue — par amour de la clairvoyance — vers la confusion systématique et le dérèglement de tous les sens *(Rimbaud), soit au hasard, ou à une volonté favorisant le hasard. Hasard, dans le sens où Hume l'a défini :* l'équivalent de l'ignorance dans laquelle nous nous trouvons par rapport aux causes réelles des événements...

Le hasard est aussi — et cet aspect très difficile du hasard a été négligé par les chercheurs des « lois du hasard » — le maître de l'humour *et par conséquent, dans une époque qui n'est pas rose, dans l'époque où nous vivons, où une belle action consiste à se faire enlever les deux bras dans un combat, le maître de l'humour-qui-n'est-pas-rose, de l'humour noir...*

Il me semble qu'on peut affirmer que le collage est un instrument hypersensible et rigoureusement juste, semblable au sismographe, capable d'enregistrer la quantité exacte des possibilités de bonheur humain à toute époque. La quantité d'humour noir contenue dans chaque collage authentique s'y trouve dans la proportion inverse des possibilités de bonheur (objectif ou subjectif).

. . . .

Quelle est la plus noble conquête du collage ? *C'est l'irrationnel. C'est l'irruption magistrale de l'irrationnel dans tous les domaines de l'art, de la poésie, de la science, dans la mode, dans la vie privée des individus, dans la vie publique des peuples. Qui dit collage dit l'irrationnel. Le collage s'est introduit sournoisement dans nos objets usuels. Nous avons acclamé son apparition dans les films surréalistes (je pense à l'*Age d'or, *de Buñuel et Dali : la vache dans le lit, l'évêque et la girafe jetés par la fenêtre, le tombereau traversant le salon du gouverneur, le ministre de l'Intérieur collé au plafond après son suicide, etc.).*

En faisant succéder sans choix des collages aux collages, nous fûmes surpris par la clarté de l'action irrationnelle qui en résultait : La Femme 100 têtes, *le* Rêve d'une petite fille qui voulut entrer au Carmel, *la* Semaine de Bonté. *N'oublions pas cette autre conquête du collage : la peinture surréaliste, au moins quant à l'un de ses multiples aspects, en l'espèce celui que, entre 1921 et 1924, je fus seul à élaborer (Chirico, auquel je dois rendre hommage en passant, avait déjà pris un autre chemin, on sait lequel). Plus tard, pendant que, seul, j'avançais à tâtons dans les forêts encore inexplorées du « frottage », d'autres ont continué les recherches (Magritte, par exemple, dont les tableaux sont collages entièrement peints à la main, et Dali).*

Max Ernst, *Au-delà de la Peinture.*

POÉSIE PURE

La poésie a presque toujours vaincu les poètes, mais elle n'a jamais réussi à se débarrasser de ses parasites, critiques rapportant tout aux plus petits besoins artistiques et sentimentaux du lecteur. Il en va de la conservation d'une élite directement intéressée à empêcher, retarder ou dissimuler la naissance ou l'existence des valeurs nouvelles, subversives par définition. Pour faire passer les coquins et les cuistres par la même porte que les Grands, il faut à ces entremetteurs régler leur propre démarche sur un air sans surprises. Un certain abbé Brémond, un des derniers en date, avait imaginé *d'imprimer les principaux poètes en trois couleurs : les vers poétiques en rouge-feu ; les prosaïques, en noir ; ceux que traverse un courant à peine perceptible, en jaune* (textuel). Quel arc-en-ciel démoniaque n'aurait-il obtenu de cet admirable poème de Rimbaud, que l'on persiste à ne pas inclure dans ses Œuvres complètes :

« *RÊVE* »
On a faim dans la chambrée
C'est vrai...
Émanations, explosions,
Un génie : Je suis le gruère !
Lefebvre : Keller !

Le génie : Je suis le Brie !
Les soldats coupent sur leur pain :
C'est la Vie !
Le génie : — Je suis le Roquefort !
— Ça s'ra not' mort...
— Je suis le gruère
Et le brie... etc...

VALSE
On nous a joints, Lefebvre et moi... etc. ...!

☆

... ces raisonneurs si communs, incapables de s'élever jusqu'à la logique de l'Absurde.

Charles Baudelaire, *Le Spleen de Paris.*

☆

Les poètes doivent être la grande étude du philosophe qui veut connaître l'homme.

Joubert, *Pensées.*

☆

La poésie est le héros de la philosophie. La philosophie élève la poésie au rang de principe...

Novalis, *Fragments.*

☆

La science que j'entreprends est une science distincte de la poésie. Je ne chante pas cette dernière. Je m'efforce de découvrir sa source. A travers le gouvernail qui dirige toute pensée poétique, les professeurs de billard distingueront le développement des thèses sentimentales.

Lautréamont, *Poésies*.

plus loin : *Les jugements sur la poésie ont plus de valeur que la poésie. Ils sont la philosophie de la poésie... La philosophie pourra se passer de la poésie.*

puis : *Les poètes ont le droit de se considérer au-dessus des philosophes... Les poètes renferment le penseur.*

mais William Blake : *S'il n'existait point d'esprit prophétique ou poétique, l'esprit philosophique et expérimental serait vite à la résultante (at the ratio) de toutes choses et demeurerait immobile, incapable de faire quoi que ce soit, excepté tourner toujours dans le même cercle monotone.*

✻

L'unité et la moralité sont des considérations secondaires, appartenant à la philosophie et non à la poésie, à l'exception et non à la règle, à l'accident et non à la substance...
Les classiques ! ce sont les classiques et non les Goths ou les moines qui désolent l'Europe par les guerres.

William Blake,
Sur la poésie d'Homère et sur Virgile.

✻

L'hallucination, la candeur, la fureur, la mémoire, ce Protée lunatique, les vieilles histoires, la table et l'encrier, les paysages inconnus, la nuit tournée, les souvenirs inopinés, les prophéties de la passion, les conflagrations d'idées, de sentiments, d'objets, la nudité aveugle, les entreprises systématiques à des fins inutiles et les fins inutiles devenant de première utilité, le dérèglement de la logique jusqu'à l'absurde, l'usage de l'absurde jusqu'à l'indomptable raison, c'est cela — et non l'assemblage plus ou moins savant, plus ou moins heureux des voyelles, des consonnes, des syllabes, des mots — qui contribue à l'harmonie d'un poème. Il faut parler une pensée musicale qui n'ait que faire des tambours, des violons, des rythmes et des rimes du terrible concert pour oreilles d'âne.

J'ai connu une chanteuse qui louchait et une muette dont les yeux disaient « je t'aime » dans toutes les langues connues, et dans quelques autres qu'elle avait inventées.

*

« La poésie doit être faite par tous. Non par un. » Il ne tient qu'à la conscience humaine de se révolter contre ce qui veut lui faire croire qu'elle n'est pas un tout pour en finir avec la dégoûtante inégalité qui l'oblige à se servir des philosophes et des poètes pour se prendre au sérieux.

Toute véritable morale est poétique, la poésie tendant au règne de l'homme, de tous les hommes, au règne de *notre* justice. Même raréfiée, même dispersée, elle demeure et lutte, nous assurant que nous vaincrons. Nous pouvons lui appliquer cette phrase de Khunrath, savant chimiste allemand du XVIe siècle, sur notre corps qui se corrompt, se détruit, se meurt, se noircit et s'incinère :

« Cette cendre, ô mon fils, ne la crois pas vile; elle est le diadème de ton corps; en elle se cache notre pygmée qui vainc et terrasse les géants. »

« ... ce qu'il y a de plus important, de fondamental, ce qui produit l'impression la plus profonde, ce qui agit avec le plus d'efficacité sur notre moral dans une œuvre poétique, c'est ce qui reste du poète dans une traduction en prose ; car cela seul est la valeur réelle de l'étoffe dans sa pureté, dans sa perfection. Un ornement éblouissant nous fait souvent croire à ce mérite réel quand il ne s'y trouve pas, et ne le dérobe pas moins souvent à notre vue quand il s'y trouve... On peut observer que les enfants se font un jeu de tout : ainsi le retentissement des mots, la cadence des vers les amusent, et, par l'espèce de parodie qu'ils en font en les lisant, ils font disparaître tout l'intérêt du plus bel ouvrage. »

Goethe, *Poésie et Vérité*.

Il nous faut peu de mots pour exprimer l'essentiel;
il nous faut tous les mots pour le rendre réel.

✻

donne arrache tords et tue je traverse allume et brûle caresse lèche embrasse et regarde je sonne à toute volée les cloches jusqu'à ce qu'elles saignent épouvante les pigeons et les fais voler autour du colombier jusqu'à ce qu'ils tombent par terre déjà morts de fatigue je boucherai toutes les fenêtres avec de la terre et avec tes cheveux je prendrai tous les oiseaux qui chantent et couperai toutes les fleurs je bercerai dans mes bras l'agneau et je lui donnerai à dévorer ma poitrine je le laverai avec mes larmes de plaisir et de peine...

Pablo Picasso.

✻

Nous sommes obligés.

Je n'invente pas les mots. Mais j'invente des objets, des êtres, des événements et mes sens sont capables de les percevoir. Je me crée des sentiments. J'en souffre ou j'en suis heureux. L'indifférence peut les suivre. J'en ai le souvenir. Il m'arrive de les prévoir. S'il me fallait douter de cette réalité, plus rien ne me serait sûr, ni la vie, ni l'amour, ni la mort. Tout me deviendrait étranger. Ma raison se refuse à nier le témoignage de mes sens. L'objet de mes désirs est toujours réel, sensible.

✣

Imaginer est souvent un terme commode pour différencier l'homme du monde qui l'entoure, pour lui créer un univers abstrait, égoïste, pour l'isoler. A partir du moment où il doute de la réalité concrète de ce qu'il imagine, inutile qu'il essaie d'en donner idée, de *faire voir*, de savoir. Si, par exemple, cette femme dont il *rêve* n'existe pas pour les autres, inutile d'aimer. Qu'il se repose sur ses instincts diminués, qu'il renonce, qu'il s'interdise.

Je n'écrirais plus aujourd'hui l'introduction que j'écrivis en 1926 aux *Dessous d'une vie*. J'ai varié. Mais le même désir me reste d'établir les différences entre rêves, poèmes et textes automatiques.

On ne prend pas le récit d'un rêve pour un poème. Tous deux réalité vivante, mais le premier est souvenir, tout de suite usé, transformé, une aventure, et du deuxième rien ne se perd, ni ne change. Le poème désensibilise l'univers au seul profit des facultés humaines, permet à l'homme de voir autrement, d'autres choses. Son ancienne vision est morte, ou fausse. Il découvre un nouveau monde, il devient un nouvel homme.

On a pu penser que l'écriture automatique rendait les poèmes inutiles. Non : elle augmente, développe seulement le champ de l'examen de conscience poétique, en l'enrichissant. Si la conscience est parfaite, les éléments que l'écriture automatique extrait du monde intérieur et les éléments du monde extérieur s'équilibrent. Réduits alors à égalité, ils s'entremêlent, se confondent pour former l'unité poétique.

✿

L'oubli joue dans les rêves un rôle constant.

✻

Dans la veille, nous faisons ce que nous voulons ; dans le rêve, nous voulons ce que nous faisons.

Jean-Paul Fr. Richter.

✻

On ne peut plus dormir tranquille quand on a une fois ouvert les yeux.

Pierre Reverdy, *La Lucarne Ovale.*

✻

Un enfant affirme (Jean Piaget : *La représentation du monde chez l'enfant*) : « *Moi, je suis dans le rêve, il n'est pas dans ma tête* », « *Les Messieurs ne rêvent jamais* », « *Il n'y a jamais deux rêves pareils.* » Un autre : « *Ce sont les gens dont je rêve qui m'envoient le rêve.* » Un autre : « *Le rêve est entre la nuit et ma tête... C'est le réverbère, la lune qui éclairent mes rêves* », « *on est dans son lit sans le savoir* ».

Pour ces enfants qui ont moins de neuf ans, les rêves reproduisent leur situation intra-utérine, dont ils gardent encore inconsciemment un souvenir vivace. Même intérieur extérieur, même nuit vivante contenue par la vie au grand jour, promise, même pont lancé vers le lendemain, même inconscience profonde.

Ils croient qu'en grandissant, ils seront délivrés de cette atmosphère irréelle : « *les Messieurs ne rêvent jamais* ».

✻

... L'écriture automatique ouvre sans cesse de nouvelles portes sur l'inconscient et, au fur et à mesure qu'elle le confronte avec la conscience, avec le monde, elle en augmente le trésor. Elle pourrait aussi, dans la même mesure, renouveler cette conscience et ce monde si, délivrés des conditions atroces qui leur sont imposées, ils pesaient moins lourdement sur l'individu. La preuve en est qu'en lisant les textes de cette fillette de quatorze ans, on y voit apparaître une morale qu'un humour lugubre tient en laisse. Morale de dissociation, de suppression, de négation, de révolte, morale des enfants, des poètes qui se refusent à acquérir et qui resteront des phénomènes tant qu'ils n'auront pas redonné à tous les hommes l'envie de regarder en face ce qui les sépare d'eux-mêmes.

(Préface à *La Sauterelle arthritique* de Gisèle Prassinos, 1935.)

✻

Vérités peu courantes. Mais il faut avouer que si les dictionnaires étaient composés pour le plaisir de ceux qu'ils prétendent instruire, il serait bon de tenir compte de la logique la plus élémentaire, de la logique fondée sur la représentation vierge, sur le langage innocent, sur le goût que l'homme a primitivement d'un contact direct avec la nature des choses et la sienne propre; le contrepied de cette apparente puérilité ne le consacrant le plus souvent qu'aux soucis et à des problèmes aussi stériles que compliqués.

PHYSIQUE DE LA POÉSIE

En 1910, un peintre, Picasso, découvrit dans l'œuvre d'un poète un nouveau mode d'inspiration. Depuis, les peintres n'ont cessé de s'éloigner de la description, de l'imitation des sujets qui leur étaient proposés : des images n'accompagnent un poème que pour en élargir le sens, en dénouer la forme.

Picasso : Saint-Matorel, le Siège de Jérusalem (*Max Jacob*). — Cravates de chanvre (*Pierre Reverdy*).

Max Ernst : Répétitions — Weisst du Schwartz du (*Arp*) — Mister Fork miss Knife (*René Crevel*) — Le Château étoilé (*André Breton*) — La Maison de la peur, la Débutante (*Leonora Carrington*).

Arp : Vingt-cinq poèmes, Cinéma calendrier du cœur abstrait maisons, De nos oiseaux (*Tristan Tzara*).

Yves Tanguy : Dormir dormir dans les pierres (*Benjamin Péret*).

Georges Braque : Le Piège de Méduse (*Erik Satie*).

Marcoussis : Alcools (*Guillaume Apollinaire*) — Indicateur des chemins de cœur (*Tristan Tzara*).

S. W. Hayter : L'Apocalypse, Ombres portées (*Georges Hugnet*).

Fernand Léger : Lunes en papier (*André Malraux*).

Joan Miró : Il était une petite pie *(Lise Hirtz)* — Enfances *(Georges Hugnet)*.

Salvador Dali : Les Chants de Maldoror *(Lautréamont)*.

Man Ray : Facile.

Hans Bellmer : Œillades ciselées en branche *(Georges Hugnet)*.

Pour collaborer, peintres et poètes se veulent libres. La dépendance abaisse, empêche de comprendre, d'aimer. Il n'y a pas de modèle pour qui cherche ce qu'il n'a jamais vu. A la fin, rien n'est aussi beau qu'une ressemblance involontaire.

Parler pour parler est la formule de délivrance.
                              Novalis, *Fragments.*

✻

Les analystes patients laissent parler le malade, sûrs que l'important et le vrai remonteront à la surface même sans qu'ils s'en mêlent. Je présume que c'est par ce chemin que Freud est arrivé à sa découverte fondamentale. Il lui fallait écouter et il a donc écouté. Et à la fin vint la chose cachée, que le flot de paroles était destiné à recouvrir.
                              Fr. Wittels, *Freud.*

✻

Le « transfert » s'établit spontanément dans toutes les relations humaines, aussi bien que dans le rapport de malade à médecin ; il transmet partout l'influence thérapeutique, et il agit avec d'autant plus de force qu'on se doute moins de son existence.

Sigmund Freud, *Cinq leçons sur la psychanalyse.*

✽

Parmi tant de disgrâces dont nous héritons, il faut bien reconnaître que la plus grande liberté d'esprit nous est laissée. A nous de ne pas en mésuser gravement. Réduire l'imagination à l'esclavage, quand bien même il y irait de ce qu'on appelle grossièrement le bonheur, c'est se dérober à tout ce qu'on trouve, au fond de soi, de justice suprême. La seule imagination me rend compte de ce qui peut être, et c'est assez pour lever un peu le terrible interdit...

André Breton,
Manifeste du Surréalisme.

... *Ainsi l'idéalisme du médecin-philosophe Havelock Ellis vient-il rejoindre, sur le solide terrain des faits, le matérialisme du philosophe-médecin La Mettrie. « Chaque homme porte donc en soi le germe de son propre bonheur, avec celui de la volupté », concluait déjà* (La Mettrie : Œuvres Philosophiques, 1774) *le disciple de Boerhaave et le maître de Sade. Germe précieux au gré de certains qui ne souffriront plus qu'il s'étiole et périsse dans la prison du conformisme. Pour eux, nulle activité humaine, même irrationnelle, ne saurait être proscrite ni refoulée, aucune portion de la vie être condamnée à mort. Au vrai, s'il ne reste sur le globe qu'une étendue bornée de terres inconnues, en l'homme même, cet insatiable conquérant d'espace et de temps, s'ouvre un monde mouvant et sans limites, dont l'exploration commence à peine et, peut-être pour sa suprême joie, risque de recommencer chaque jour.*

Maurice Heine,
Confessions et observations psycho-sexuelles.

✲

Si l'on consent à prêter l'oreille au discours de cet homme qui passa presque toute sa vie en prison, enfermé en tête à tête avec son terrible et mathématique génie, on croit assister à la découverte du mouvement perpétuel. Alors que tous les ouvrages de l'esprit portent en eux des déchirures, des difficultés, des problèmes, des blessures, et même souvent ne semblent animés que par ces problèmes mêmes et ne vivre que de ces blessures, les poèmes du marquis de Sade sont des machines dont on ne peut prévoir l'épuisement, qui se meuvent comme des forces de l'univers, qui semblent, si on ne leur invente quelque obstacle arbitraire, ne devoir jamais perdre leur énergie.

Jean Cassou, *Pour la poésie.*

❋

... la première étape entreprise vers l'avenir se doit de supprimer l'existence d'un amour supernaturel, immatériel et divin. La présence du mythe christique doit être abolie. Le cadavre de Jésus doit cesser de s'interposer entre les hommes et les femmes. Le portrait de l'homme vivant, riche de son effort, conscient de sa puissance, doit remplacer celui du misérable condamné, de l'imparfait définitif que l'Église nous a présenté depuis des siècles.

. . . .
De même que la foi ne peut plus être séparée de l'assurance scientifique, la poésie n'accepte plus d'être reléguée loin de la réalité. Il appartient aux poètes de cesser leur jeu dangereux de sentimentalisme dans les nuées. Nous leur demandons de revaloriser nos corps dépréciés, nos caresses profanées. Nous attendons d'eux l'étude et l'agrandissement du réel non sa condamnation.

Pierre Mabille, *Thérèse de Lisieux.*

Pourquoi t'agenouiller ? Ta fierté s'est composée dans la douleur, lève-toi, n'abdique pas, ne va pas t'ensevelir sous les ruines froides d'une religion que *tous* les hommes vont oublier, frénétiquement.

Allons, tu es, comme moi, fortement lié à l'avenir, par le présent. Consentirais-tu à écrire en une langue inconnue de très longs textes que tu ne pourrais pas relire ?

Tu te lèves. Ne t'excuse pas : tu te prenais pour un autre, celui qui *n'écrit pas* tes poèmes.

✼

Parmi les choses sans valeur et sans aucune utilité qui s'énumèrent, la poésie est très certainement une des plus impressionnantes. Comment expliquer que ce soit précisément le filon que l'homme songe d'abord à exploiter aux premiers mouvements de son impétueuse jeunesse ? Et d'autre part comment contempler sans un triste sourire l'idée que l'on puisse vieillir en mâchonnant des vers. Avec beaucoup plus de rigueur que les généraux rancis, les poètes devraient être frappés par la limite d'âge. Il y a des choses plus vaines dans la vie que toutes ces beautés auxquelles nous avons un jour accordé une si exclusive importance. Après avoir traversé sans faiblir l'âge du rêve, l'âge de l'image et celui des pensées, voici qu'arrive l'âge d'or et celui de la pierre...

Pierre Reverdy,
Prière d'insérer de *Flaques de Verre.*

... Quand la conscience que ce qui est humain est divin, que ce qui est fini, borné est infini se sera une fois emparée de l'homme, sera devenue chair et sang, alors on verra naître une poésie nouvelle et un art nouveau qui surpasseront en énergie, profondeur et inspiration tout ce qui a été produit jusqu'à ce jour. La croyance à la vie future est une croyance absolument impoétique. La source de la poésie c'est la douleur... La croyance à la vie future, parce qu'elle fait de toute douleur un mensonge, ne peut être la source d'une inspiration véritable.

Ludwig Feuerbach, La Religion.

Il y a assurément un autre monde, mais il est dans celui-ci et, pour atteindre à sa pleine perfection, il faut qu'il soit bien reconnu et qu'on en fasse profession. L'homme doit chercher son état à venir dans le présent, et le ciel, non point au-dessus de la terre, mais en soi.

Ignaz-Vitalis Troxler, cité par
Albert Béguin dans *L'Ame romantique et le rêve.*

Et maintenant, ce Cœur Divin, — quel est-il? C'est notre propre cœur.

Edgar Poe, *Euréka.*

Le reste, la morale d'autrefois c'est un crime, et n'y pas penser une injustice.

Pierre Reverdy, *Poèmes en prose.*

VÉRITÉ BIEN ORDONNÉE

A notre époque, le maître reste l'homme de bien et dit à celui qui le sert : « Tu es esclave! les chaînes seront forgées par toi et pour toi; tu les porteras dans tes travaux, dans ton repos, non pas comme attaches, car tu brises l'acier comme le fer, non comme torture physique, car je les rendrai aussi légères que possible, mais comme peine morale, comme oubli de TOI-MÊME, comme un de ces signaux visibles à tous, placés sur les demeures atteintes de la contagion; tu les porteras comme un symbole... et rien ne pourra les faire tomber. J'en changerai les maillons, je remplacerai ceux qui s'useront. Tu finiras bien par aimer ton état d'esclave, tu le croiras une qualité, tu t'en vanteras. Tu peux devenir un bon esclave. N'écoute pas ceux qui te disent qu'un jour le travail n'aura plus qu'un seul sens : celui de conquête. Regarde tes mains, dans leur miroir obscur la résignation t'apparaîtra, voilée de crasse, mais bonne au cœur fatigué, au cerveau abêti. Fais ton devoir, donne à tes enfants, ces innocents, ces anges, le pain amer, mais indispensable.

« Je te récompenserai : tu auras, tant que cela me sera utile, du travail. N'as-tu pas toujours faim? Et la nuit, tu dormiras, tu seras libre, en rêve. Estime-toi heureux : tu n'es qu'une mécanique. Tu as désappris de penser. Moi, je pense... à moi.

« Ne m'envie pas. Je ne suis là que pour te diriger. Nous avons besoin l'un de l'autre. Aimons-nous les uns les autres. »

✜

M. Thiers, dans le sein de la Commission sur l'instruction primaire de 1849, disait : « *Je veux rendre toute-puissante l'influence du clergé, parce que je compte sur lui pour propager cette bonne philosophie qui apprend à l'homme qu'il est ici-bas pour souffrir et non cette autre philosophie qui dit au contraire à l'homme : Jouis.* » *M. Thiers formulait la morale de la classe bourgeoise dont il incarna l'égoïsme féroce, et l'intelligence étroite.*

Paul Lafargue,
Avant-propos au *Droit à la Paresse*, 1883.

Le prolétariat, la grande classe qui embrasse tous les producteurs des nations civilisées, la classe qui, en s'émancipant, émancipera l'humanité du travail servile et fera de l'animal humain un être libre, le prolétariat trahissant ses instincts, méconnaissant sa mission historique, s'est laissé pervertir par le dogme du travail. Rude et terrible a été son châtiment. Toutes les misères individuelles et sociales sont nées de sa passion pour le travail.

. . . .
Notre époque est, dit-on, le siècle du travail ; il est en effet le siècle de la douleur, de la misère et de la corruption.
. . . .
O idiots ! c'est parce que vous travaillez trop que l'outillage industriel se développe lentement.
. . . .
O Paresse, prends pitié de notre longue misère ! O Paresse, mère des arts et des nobles vertus, sois le baume des angoisses humaines.

Paul Lafargue, *Le Droit à la Paresse*.

... Rétablissez chacun en sa place, et tout sera redressé. Ou donnez-moi des juges prisonniers, et je serai absoute ; ou rendez-moi la liberté et je replacerai Milton avant la lime, le poète avant le forgeron ; ou donnez au pauvre des juges qui aient faim, et il sera absous ; ou rassasiez-le, et il replacera le pain après l'honneur.

Pétrus Borel, *Madame Putiphar*.

✣

Tant qu'il y a des prisons, nous ne sommes pas libres.

✣

O nations indivisibles, — ô peuple unique et libre, — nous, les rêveurs, nous de qui l'on se moque, — nous les hommes fous et aveugles qui voyons, — nous nous portons vos témoins avant que vous veniez, vous qui serez.

Nous, assis parmi les tombes, — vous, debout autour du portail, — vous que consume la guerre à la bouche enfiévrée, — ou à qui la paix aux lèvres glacées ordonne d'attendre ; — toutes les tombes et tous les barreaux s'ouvriront, chaque cercueil et chaque grille.

A. C. Swinburne, *Chants d'avant l'aube*.

Si Baudelaire, Lautréamont, Rimbaud paraissent pleins de remords, c'est que leur solitude est illimitée. Ils s'accusent de n'avoir pas sur le monde, les hommes, un pouvoir absolu, immédiat. Dans cet univers où l'homme est fait pour l'homme, on ne leur propose que des maîtres, aucun disciple. Ils rêvent de fils, de frères, ils cherchent en vain leur semblable. Leurs ancêtres les hantent, ils en viennent à se penser morts entre les morts. De là, leur exceptionnelle faculté de s'anéantir.

Le temps passe, leur vertu subsiste, trouve déjà un écho, agit.

*

Le plus grand des tourments, s'il reste sans réponse, est la source de la poésie.

Ludwig Feuerbach,
Essence du christianisme.

La poésie ne se fera chair et sang qu'à partir du moment où elle sera réciproque. Cette réciprocité est entièrement fonction de l'égalité du bonheur entre les hommes. Et l'égalité dans le bonheur porterait celui-ci à une hauteur dont nous ne pouvons encore avoir que de faibles notions.

✻

Cette félicité n'est pas impossible.

Nous nous sommes souvent et volontiers mis à plusieurs pour assembler des mots ou pour dessiner par fragments un personnage. Que de soirs passés à créer avec amour tout un peuple de *cadavres exquis*. C'était à qui trouverait plus de charme, plus d'unité, plus d'audace à cette poésie déterminée collectivement. Plus aucun souci, plus aucun souvenir de la misère, de l'ennui, de l'habitude. Nous jouions avec les images et il n'y avait pas de perdants. Chacun voulait que son voisin gagnât et toujours davantage pour tout donner à son voisin. La merveille n'avait plus faim. Son visage défiguré par la passion nous paraissait infiniment plus beau que tout ce qu'elle peut nous dire quand nous sommes seuls — car alors nous ne savons pas y répondre.

Si l'un de nous posait une question, l'angoisse ou l'assurance ne lui venait que de la réponse obtenue. Il avait écrit sa question sans la montrer, il ne se l'était posée qu'à lui-même et voici qu'un autre répondait avec sûreté, pour connaître la question.

Prenant pour modèle cette chanson stupide :

S'il n'y avait pas d'soupe, il n'y aurait pas d'cuillers,
S'il n'y avait pas d'gendres, il n'y aurait pas d'bell'-mères,
S'il n'y avait pas d'ciel, il n'y aurait pas d'enfer.

nous obtenions :

S'il n'y avait pas de rêve, il n'y aurait pas de lunettes noires.
S'il n'y avait pas de noir, il n'y aurait pas de poètes.
S'il n'y avait pas de nuit, il n'y aurait pas de casse.
S'il n'y avait pas de clair de lune, il n'y aurait pas de
[*femmes cochères.*

Les préoccupations se révélaient semblables, toutes nocturnes, ce jour-là, à onze heures du matin, par grand soleil, en Provence.
Et nous ne faisions qu'un.

Seul dans ma chambre, j'ai répété à haute voix ce que je dis souvent à un chien de ma connaissance : « Donne ». De la même façon. Et je n'ai reçu que le chien dont, probablement, je m'ennuyais. La décourageante chimère que j'espérais en la craignant n'était donc que ce bel animal quotidien.

Ce que sur la vie la terre est atroce !

Ce refrain de Fortugé méritait bien que nous nous attendrissions devant le phonographe qui nous le répéta si souvent. Pareil lapsus nous faisait ricaner de contentement. Il nous confirmait que le sens des mots, des choses, des sentiments est inépuisable. Nous qui le savions, nous en tirions un avantage personnel.

Refrains attristants, chansonnettes d'un comique écœurant, et ces vieilles chansons puériles qui nouent les langues des amoureux songeurs :

J'ai un long voyage à faire
Je ne sais qui le fera,
Ce sera rossignolette
Qui pour moi fera cela

Premières vues anciennes

*La violette double double
La violette doublera*

. . . .

*M'y allant promener
Le ré!...
Le long du grand chemin,
Le rin!
Le long du grand chemin,
Là je m'y endormis,
Le ri!
A l'om,
Le ron!
Bre sous,
Le rou!
Un pin,
Le rin!
Au bois rossignolet
Le ret!
Au bois rossignolet.*

Sœur des chants anciens, poésie impure pour ceux qui sont nés des morts, impure parce que tu es moderne, parce que tu transformes et vivifies les ombres des vivants :

*Ell' ne l'aimait pas, lui non plus.
Quell' drôl' de chos' que l'existence!
Ils auraient pu fair' connaissance
Mais ils ne s'étaient jamais vus.*

Le brocart et la soie sont pour *notre* plante des pieds. *Notre* désespoir se prélasse dans la mousseline des pires sous-entendus, il la parfume, *notre* bonheur se prend dans la toile d'araignée des plus grandes naïvetés, il l'irise.

Images et musique pour extralucides, au fond d'une mine, claires comme les différences entre la main droite et la main gauche, belles comme l'arrivée au dernier étage d'une maison neuve, inhabitée et qui sent le plâtre frais, la blancheur, l'oubli.

✧

La Bêtise, essentiellement, milite. Elle sert des systèmes qui se prétendent de première utilité parce qu'ils sont exclusivement raisonnables. L'innocence, elle, est capable d'attirer l'attention des hommes les meilleurs pour les persuader que, plus loin que les solutions hâtives à des problèmes mal connus et mal posés, une folle sagesse, plus savante que les livres, affirme tranquillement des vérités qui n'ont rien à faire avec le mensonge,

> — *Commère, j'ai bien vu :*
> *J'ai vu une anguill'*
> *Qui coiffait sa fill'*
> *Au haut d'un clocher.*

. . . .

> — *Commère, j'ai bien vu :*
> *J'ai vu une mouche*
> *Qui s'rinçait la bouche*
> *Avec un pavé.*

. . . .

puisque ce qu'elle a *vu* n'a rien à faire avec ce qu'elle n'a pas vu.

Tu ne lis que pour découvrir, contrôler ou corriger ce que tu penses. Signe ce que tu approuves.

✪

Sade a lu, retenu La Mettrie, d'Holbach et aussi Vauvenargues (qui, lui-même, a lu, retenu et imité Pascal, La Bruyère et quelques autres) :

Tout ce qui distingue les hommes paraît peu de chose. Qu'est-ce qui fait la beauté ou la laideur, la santé ou l'infirmité, l'esprit ou la stupidité ? Une légère différence des organes, un peu plus, ou un peu moins de bile, etc. Cependant ce plus ou ce moins est d'une importance infinie pour les hommes; et lorsqu'ils en jugent autrement, ils sont dans l'erreur.

Vauvenargues, *Réflexions et Maximes*.

Sade est plus grand moraliste :

Pédants, bourreaux, guichetiers, législateurs, racaille tonsurée, que ferez-vous quand nous en serons là ? Que deviendront vos lois, votre morale, votre religion, vos potences, votre paradis, vos Dieux, votre enfer, quand il sera démontré que tel ou tel cours de liqueurs, telle sorte de fibres, tel degré d'âcreté dans le sang ou dans les esprits animaux suffisent à faire d'un homme l'objet de vos peines ou de vos récompenses ?

☆

A la liste que Baudelaire a pris la peine de dresser des auteurs qu'il a imités *(Note sur les plagiats. — Thomas Grey. Edgar Poe (2 passages). Longfellow (2 passages). Stace. Virgile (tout le morceau d'Andromaque). Eschyle. Victor Hugo)*, il faudrait ajouter Maynard :

. . . .
Et sous l'aimable horreur de vos belles ténèbres
Donner toute mon Ame aux pensers de la mort.

François Maynard, Sonnet.

. . . .
Ma raison tomberait sous l'excès de mon deuil :
Je pleurerais sans cesse un mal-heur si funeste
Et ferais, jour et nuit, l'Amour à ton Cercueil.

François Maynard, La Belle Vieille.

Mais qu'il s'agisse de Gray, de Poe, de Longfellow même, pour quatre vers *(le Calumet de la Paix* de Longfellow est une traduction presque ligne à ligne, et quant à Stace, Virgile, Eschyle, Hugo, nul n'y aurait pensé sans la confession de Baudelaire), cette *Note sur les plagiats* nous paraît bien plus l'expression d'un désir que celle de la vérité. Le « premier voyant, roi des poètes, vrai Dieu » se croit l'écho, l'égal à peine de ce qu'il aime. Mais tout se fond dans sa voix, cet écho est dévorant.

Jarry ne peut se défaire de Lautréamont :

Moi qui aurais voulu être assez affreux pour faire avorter les femmes dans la rue ou mettre au monde des enfants soudés par le front, je ne maudis point ma beauté, mettant à mes genoux l'éphèbe prosterné, et ce jour, crapaud bon serviteur, je te tolérerai un rival.

Les Minutes de sable mémorial.

Et il répète plusieurs fois, comme Lautréamont :

« *NE FAIS PAS DE PAREILS BONDS!* »

avec cette seule différence que Lautréamont s'adresse à un *cheveu* déraciné et Jarry à un *phallus* déraciné.

*Tel le clapotis des carpes nourries
A Fontainebleau
A des voix meurtries
De baisers dans l'eau.*

n'est pas d'Apollinaire, mais de Jarry.

Pourrait-on leur en vouloir ?

Le plagiat est nécessaire.

Lautréamont.

☆

Lautréamont a voulu savoir où le mènerait le plagiat pour le plagiat. *Le jeu touchant*, écrit Jean Paulhan, *n'est pas neuf, il n'est pas pour cela inoffensif : exactement, il implique que les phrases, et en particulier cette espèce que l'on appelle singulièrement des pensées — sont de même pâte que les idées, de sorte qu'il suffit de retourner l'ordre des mots pour avoir leur sens retourné. Une nouvelle maxime porte un témoignage opposé au premier, mais qui ne peut manquer d'être aussi pressant, aussi prégnant — n'étant pas autre, mais le même.*

Il s'agit dans les Poésies d'une démonstration par l'absurde. Si le langage était ce que l'on pense... et ce que pense Marc Aurèle. Ou Victor Hugo, qui appelle le mot : verbe. (Si le romantisme tient de Jean-Jacques une image des passions, bien plus sûrement il reçoit de Condillac la confusion des mots avec les idées.) C'est ici que Lautréamont pose sa machine infernale. Il n'y a rien, dit-il, d'incompréhensible. Il s'ensuit à peu près que l'on n'a plus à penser, les phrases y suffisent. Un coup de pouce de temps en temps les fait varier.

Je me bornerai, comme exemple, à mettre en parallèle quelques phrases de Lautréamont et de Vauvenargues :

VAUVENARGUES

Le désespoir est la plus grande de nos erreurs.

. . . .
On ne peut être juste, si on n'est pas humain.

. . . .
Les orages de la jeunesse sont environnés de jours brillants.

. . . .
Lorsqu'une pensée s'offre à nous comme une profonde découverte, et que nous prenons la peine de la développer,

nous trouvons souvent que c'est une vérité qui court les rues.

. . . .

La modération des grands hommes ne borne que leurs vices.

. . . .

Qui considérera la vie d'un seul homme y trouvera toute l'histoire du genre humain, que la science et l'expérience n'ont pu rendre bon.

. . . .

Si l'ordre domine dans le genre humain, c'est une preuve que la raison et la vertu y sont les plus forts.

. . . .

La conscience, l'honneur, la chasteté, l'amour et l'estime des hommes, sont à prix d'argent. La libéralité multiplie les avantages des richesses.

. . . .

On peut penser assez de mal d'un homme et être tout à fait de ses amis ; car nous ne sommes pas si délicats que nous ne puissions aimer que la perfection, et il y a bien des vices qui nous plaisent même dans autrui.

. . . .

On ne peut juger de la vie par une plus fausse règle que la mort.

Il ne faut pas croire aisément que ce que la nature a fait aimable soit vicieux. Il n'y a point de siècle et de peuple qui n'aient établi des vertus et des vices imaginaires.

. . . .

Si quelqu'un trouve un livre obscur, l'auteur ne doit pas le défendre. Osez justifier vos expressions, on attaquera votre sens. Oui, dira-t-on, je vous entends bien ; mais je ne voulais pas croire que ce fût là votre pensée.

LAUTRÉAMONT

Le désespoir est la plus petite de nos erreurs.

. . . .

On peut être juste, si l'on n'est pas humain.

. . . .

Les orages de la jeunesse précèdent les jours brillants.

. . . .

Lorsqu'une pensée s'offre à nous comme une vérité qui court les rues, que nous prenons la peine de la développer, nous trouvons que c'est une découverte.

. . . .

La modération des grands hommes ne borne que leurs vertus.

. . . .

Qui considère la vie d'un homme y trouve l'histoire du genre. Rien n'a pu le rendre mauvais.

. . . .

L'ordre domine dans le genre humain. La raison, la vertu, n'y sont pas les plus fortes.

. . . .

L'inconscience, le déshonneur, la lubricité, la haine, le mépris des hommes sont à prix d'argent. La libéralité multiplie les avantages des richesses.

. . . .

On peut aimer de tout son cœur ceux en qui on reconnaît de grands défauts. Il y aurait de l'impertinence à croire que l'imperfection a seule le droit de nous plaire. Nos faiblesses nous attachent les uns aux autres autant que pourrait le faire ce qui n'est pas la vertu.

. . . .

On ne peut juger de la beauté de la vie que par celle de la mort.

. . . .

Il ne faut pas croire que ce que la nature a fait aimable

soit vicieux. *Il n'y a pas de siècle, de peuple, qui ait établi des vertus, des vices imaginaires.*

. . . .

Il faut que la critique attaque la forme, jamais le fond de vos idées, de vos phrases. Arrangez-vous.

Si le plagiat paraît à Lautréamont le plus simple moyen de s'affirmer en se niant, n'est-ce pas qu'il a lu, justement dans Vauvenargues, cette irritante évidence : que *l'invention est la seule preuve du génie.*

De même que tous les hommes sont semblables par leur forme extérieure, de même (et avec la même variété infinie), ils sont tous semblables par le Génie poétique.

William Blake,
Toutes les religions n'en sont qu'une.

✡

Je crois que le charme infini et mystérieux qui gît dans la contemplation d'un navire, et surtout d'un navire en mouvement, tient, dans le premier cas, à la régularité et à la symétrie, qui sont un des besoins primordiaux de l'esprit humain, au même degré que la complication et l'harmonie ; et, dans le second cas, à la multiplication successive et à la génération de toutes les courbes et figures imaginaires opérées dans l'espace par les éléments réels de l'objet.
L'idée poétique, qui se dégage du mouvement dans les lignes, est l'hypothèse d'un être vaste, immense, compliqué mais eurythmique, d'un animal plein de génie,

souffrant et soupirant tous les soupirs et toutes les ambitions humaines.

Charles Baudelaire, *Fusées*.

✼

La poésie doit être faite par tous. Non par un.
Lautréamont, *Poésies*.

Peintres

MAX ERNST

Dans un coin l'inceste agile
Tourne autour de la virginité d'une petite robe.
Dans un coin le ciel délivré
Aux épines de l'orage laisse des boules blanches.

Dans un coin plus clair de tous les yeux
On attend les poissons d'angoisse
Dans un coin la voiture de verdure de l'été
Immobile glorieuse et pour toujours.

A la lueur de la jeunesse
Des lampes allumées très tard
La première montre ses seins que tuent des insectes
[rouges.

1921. - *Répétitions.*

ARP

Tourne sans reflets aux courbes sans sourires des ombres à moustaches, enregistre les murmures de la vitesse, la terreur minuscule, cherche sous des cendres froides les plus petits oiseaux, ceux qui ne ferment jamais leurs ailes, résiste au vent.

1921. - *Capitale de la douleur.*

GIORGIO DE CHIRICO

Un mur dénonce un autre mur
Et l'ombre me défend de mon ombre peureuse.
O tour de mon amour autour de mon amour,
Tous les murs filaient blanc autour de mon silence.

Toi, que défendais-tu ? Ciel insensible et pur
Tremblant tu m'abritais. La lumière en relief
Sur le ciel qui n'est plus le miroir du soleil,
Les étoiles de jour parmi les feuilles vertes,

Le souvenir de ceux qui parlaient sans savoir,
Maîtres de ma faiblesse et je suis à leur place
Avec des yeux d'amour et des mains trop fidèles
Pour dépeupler un monde dont je suis absent.

                1923. - *Mourir de ne pas mourir*

PABLO PICASSO

Les armes du sommeil ont creusé dans la nuit
Les sillons merveilleux qui séparent nos têtes.
A travers le diamant, toute médaille est fausse;
Sous le ciel éclatant, la terre est invisible.

Le visage du cœur a perdu ses couleurs
Et le soleil nous cherche et la neige est aveugle.
Si nous l'abandonnons, l'horizon a des ailes
Et nos regards au loin dissipent les erreurs.

1924. - *Capitale de la douleur.*

GEORGES BRAQUE

Un oiseau s'envole,
Il rejette les nues comme un voile inutile,
Il n'a jamais craint la lumière,
Enfermé dans son vol
Il n'a jamais eu d'ombre.

Coquilles des moissons brisées par le soleil.
Toutes les feuilles dans les bois disent oui,
Elles ne savent dire que oui,
Toute question, toute réponse
Et la rosée coule au fond de ce oui.

Un homme aux yeux légers décrit le ciel d'amour.
Il en rassemble les merveilles
Comme des feuilles dans un bois,
Comme des oiseaux dans leurs ailes
Et des hommes dans le sommeil.

1924. - *Capitale de la douleur.*

ANDRÉ MASSON

La cruauté se noue et la douceur agile se dénoue. L'aimant des ailes prend des visages bien clos, les flammes de la terre s'évadent par les seins et le jasmin des mains s'ouvre sur une étoile.
Le ciel tout engourdi, le ciel qui se dénoue n'est plus sur nous. L'oubli, mieux que le soir, l'efface. Privée de sang et de reflets, la cadence des tempes et des colonnes subsiste.
Les lignes de la main, autant de branches dans le vent tourbillonnant. Rampe des mois d'hiver, jour pâle d'insomnie, mais aussi, dans les chambres les plus secrètes de l'ombre, la guirlande d'un corps autour de sa splendeur.

1925. - *Capitale de la douleur.*

MAX ERNST

Dévoré par les plumes et soumis à la mer,
Il a laissé passer son ombre dans le vol
Des oiseaux de la liberté.
Il a laissé
La rampe à ceux qui tombent sous la pluie,
Il a laissé leur toit à tous ceux qui se vérifient.

Son corps était en ordre,
Le corps des autres est venu disperser
Cette ordonnance qu'il tenait
De la première empreinte de son sang sur terre.

Ses yeux sont dans un mur
Et leur visage est leur lourde parure.
Un mensonge de plus du jour,
Une nuit de plus, il n'y a plus d'aveugles.

                1925. - *Capitale de la douleur.*

PAUL KLEE

Sur la pente fatale le voyageur profite
De la faveur du jour, verglas et sans cailloux,
Et les yeux bleus d'amour, découvre sa saison
Qui porte à tous les doigts de grands astres en bague.

Sur la plage la mer a laissé ses oreilles
Et le sable creusé la place d'un beau crime.
Le supplice est plus dur aux bourreaux qu'aux victimes,
Les couteaux sont des signes et les balles des larmes.

1925. - Capitale de la douleur.

JOAN MIRÓ

Soleil de proie prisonnier de ma tête,
Enlève la colline, enlève la forêt.
Le ciel est plus beau que jamais.
Les libellules des raisins
Lui donnent des formes précises
Que je dissipe d'un geste.

Nuages du premier jour,
Nuages insensibles et que rien n'autorise,
Leurs graines brûlent
Dans les feux de paille de mes regards.

A la fin, pour se couvrir d'une aube
Il faudra que le ciel soit aussi pur que la nuit.

1925. - *Capitale de la douleur.*

YVES TANGUY

Un soir tous les soirs et ce soir comme les autres
Près de la nuit hermaphrodite
A croissance à peine retardée
Les lampes et leur venaison sont sacrifiées
Mais dans l'œil calciné des lynx et des hiboux
Le grand soleil interminable
Crève-cœur des saisons
Le corbeau familial
La puissance de voir que la terre environne.

Il y a des étoiles en relief sur eau froide
Plus noires que la nuit
Ainsi sur l'heure comme une fin l'aurore
Toutes illusions à fleur de mémoire
Toutes les feuilles à l'ombre des parfums.

Et les filles des mains ont beau pour m'endormir
Cambrer leur taille ouvrir les anémones de leurs seins
Je ne prends rien dans ces filets de chair et de frissons
Du bout du monde au crépuscule d'aujourd'hui
Rien ne résiste à mes images désolées.

En guise d'ailes le silence a des plaines gelées
Que le moindre désir fait craquer
La nuit qui se retourne les découvre
Et les rejette à l'horizon.

Nous avions décidé que rien ne se reproduirait
Que selon le doigt posé par hasard sur les commandes
[d'un appareil brisé.

1930. - *La Vie immédiate.*

SALVADOR DALI

C'est en tirant sur la corde des villes en fanant
Les provinces que le délié des sexes
Accroît les sentiments rugueux du père
En quête d'une végétation nouvelle
Dont les nuits boule de neige
Interdisent à l'adresse de montrer le bout mobile de son
                                                  [nez.

C'est en lissant les graines imperceptibles des désirs
Que l'aiguille s'arrête complaisamment
Sur la dernière minute de l'araignée et du pavot
Sur la céramique de l'iris et du point de suspension
Que l'aiguille se noue sur la fausse audace
De l'arrêt dans les gares et du doigt de la pudeur.

C'est en pavant les rues de nids d'oiseaux
Que le piano des mêlées de géants
Fait passer au profit de la famine
Les chants interminables des changements de grandeur
De deux êtres qui se quittent.

C'est en acceptant de se servir des outils de la rouille
En constatant nonchalamment la bonne foi du métal
Que les mains s'ouvrent aux délices des bouquets

Et autres petits diables des villégiatures
Au fond des poches rayées de rouge.

C'est en s'accrochant à un rideau de mouches
Que la pêcheuse malingre se défend des marins
Elle ne s'intéresse pas à la mer bête et ronde comme une
[pomme
Le bois qui manque la forêt qui n'est pas là
La rencontre qui n'a pas lieu et pour boire
La verdure dans les verres et la bouche qui n'est faite
Que pour pleurer une arme le seul terme de comparaison
Avec la table avec le verre avec les larmes
Et l'ombre forge le squelette du cristal de roche.

C'est pour ne pas laisser ces yeux les nôtres vides entre
[nous
Qu'elle tend ses bras nus
La fille sans bijoux la fille à la peau nue
Il faudrait bien par-ci par-là des rochers des vagues
Des femmes pour nous distraire pour nous habiller
Ou des cerises d'émeraude dans le lait de la rosée.

Tant d'aubes brèves dans les mains
Tant de gestes maniaques pour dissiper l'insomnie
Sous la rebondissante nuit du linge
Face à l'escalier dont chaque marche est le plateau
[d'une balance
Face aux oiseaux dressés contre les torrents
L'étoile lourde du beau temps s'ouvre les veines.

1932. - *La Vie immédiate.*

MAX ERNST

A l'âge de la vie
Tout jeté partout
Tout semblait disparate
Une bouteille d'excellent sirop un bouquet de violettes
Il y en a de toutes sortes
D'inoffensifs cailloux un lac frappant de vérité
Le front collé contre le mur suit les nuages
Ce n'est pas à présent que tout espoir est mort
Il y a plus longtemps
Les yeux éteints par le jour fastidieux resplendissent le
                                                              [soir.

Lorsque le monstre se sentit frappé il prêta le visage au contremaître comme un homme en colère qui eût voulu faire un appel. Son courage s'était émoussé.

Puis viennent le second et le troisième ballon d'essai.

Bon mot. — *Il vaudrait mieux ne point récompenser une bonne action que de la récompenser mal. Un soldat avait eu les deux bras emportés dans un combat. Son colonel lui offrit un écu. Le soldat lui répondit : Vous croyez sans doute mon colonel que je n'ai perdu qu'une paire de gants.*

L'oreille au fond des têtes sans humour
Calligraphie son bonheur.
La lettre enlaidit le mot.

La nudité de la femme est plus sage que l'enseignement du philosophe. Elle ne demande pas qu'on la considère.

Des sifflets des cris des chuchotements
Des bourgeons de colère des pelures de rire
Mêlés aux battements des mains dans les vitres intercé-
[dentes
Chargent la nudité des longues des lourdes chaînes du
[cœur.

Comme un oiseau s'étend dans la fumée
Le rappel des paroles claires
Trace en tremblant des frondaisons de charmes
Des broderies de chair des fusées de mouvements
Le délice d'aller vers des êtres oubliés
Par des chemins inoubliables.

1932. - *La Vie immédiate.*

MAN· RAY

L'orage d'une robe qui s'abat
Puis un corps simple sans nuages
Ainsi venez me dire tous vos charmes
Vous qui avez eu votre part de bonheur
Et qui pleurez souvent le sort sinistre de celui qui vous a
                                          [rendue si heureuse
Vous qui n'avez pas envie de raisonner
Vous qui n'avez pas su faire un homme
Sans en aimer un autre

Dans les espaces de marées d'un corps qui se dévêt
A la mamelle du crépuscule ressemblant
L'œil fait la chaîne sur les dunes négligées
Où les fontaines tiennent dans leurs griffes des mains
                                            [nues
Vestiges du front nu joues pâles sous les cils de l'horizon
Une larme fusée fiancée au passé
Savoir que la lumière fut fertile
Des hirondelles enfantines prennent la terre pour le ciel

La chambre noire où tous les cailloux du froid sont à vif
Ne dis pas que tu n'as pas peur
Ton regard est à la hauteur de mon épaule
Tu es trop belle pour prêcher la chasteté

Dans la chambre noire où le blé même
Naît de la gourmandise

Reste immobile
Et tu es seule.

1933. - *La Rose publique.*

RENÉ MAGRITTE

Marches de l'œil
A travers les barreaux des formes

Un escalier perpétuel
Le repos qui n'existe pas
Une des marches est cachée par un nuage
Une autre par un grand couteau
Une autre par un arbre qui se déroule
Comme un tapis
Sans gestes

Toutes les marches sont cachées

On a semé les feuilles vertes
Champs immenses forêts déduites
Au coucher des rampes de plomb
Au niveau des clairières
Dans le lait léger du matin

Le sable abreuve de rayons
Les silhouettes des miroirs

Leurs épaules pâles et froides
Leurs sourires décoratifs

L'arbre est teinté de fruits invulnérables.

> 1935. - *Les Yeux fertiles.*

A PABLO PICASSO

I

Bonne journée j'ai revu qui je n'oublie pas
Qui je n'oublierai jamais
Et des femmes fugaces dont les yeux
Me faisaient une haie d'honneur
Elles s'enveloppèrent dans leurs sourires

Bonne journée j'ai vu mes amis sans soucis
Les hommes ne pesaient pas lourd
Un qui passait
Son ombre changée en souris
Fuyait dans le ruisseau

J'ai vu le ciel très grand
Le beau regard des gens privés de tout
Plage distante où personne n'aborde

Bonne journée qui commença mélancolique
Noire sous les arbres verts
Mais qui soudain trempée d'aurore
M'entra dans le cœur par surprise.

II

Montrez-moi cet homme de toujours si doux
Qui disait les doigts font monter la terre
L'arc-en-ciel qui se noue le serpent qui roule
Le miroir de chair où perle un enfant
Et ces mains tranquilles qui vont leur chemin
Nues obéissantes réduisant l'espace
Chargées de désirs et d'images
L'une suivant l'autre aiguilles de la même horloge

Montrez-moi le ciel chargé de nuages
Répétant le monde enfoui sous mes paupières
Montrez-moi le ciel dans une seule étoile
Je vois bien la terre sans être ébloui
Les pierres obscures les herbes fantômes
Ces grands verres d'eau ces grands blocs d'ambre des
                                                  [paysages
Les jeux du feu et de la cendre
Les géographies solennelles des limites humaines

Montrez-moi aussi le corsage noir
Les cheveux tirés les yeux perdus
De ces filles noires et pures qui sont d'ici de passage et
                                              [d'ailleurs à mon gré
Qui sont de fières portes dans les murs de cet été
D'étranges jarres sans liquide toutes en vertus
Inutilement faites pour des rapports simples
Montrez-moi ces secrets qui unissent leurs tempes
A ces palais absents qui font monter la terre.

                                1936. - *Les Yeux fertiles.*

LE TABLEAU NOIR

A Leonor Fini.

Les gracieuses lunettes
Des larmes nécessaires
Cachent à la tendre mère
La cécité de son enfant
La demoiselle inopportune

La douceur de la jambe de l'une a été grattée
Le sein de l'autre s'étonne

Rien cette chair faite de peu

Où donc est la coquette la belle la parée
Aux yeux nourris de son miroir

La lèvre est gonflée meurtrie
A chercher ses semblables
Les baisers la détruisent

Pères frères et amants
Du contenu de ces haillons
Vous n'aurez bientôt plus rien

Une série de mères
Une série de filles
Pleines de leur agonie

Tristesse misère ignorance
Faiblesse humiliation douleur
Prénoms à faire sangloter
S'estomper et s'iriser
Toute la dentelle humaine

Sauf les doux idiots que nous sommes
Qui ne se croient pas sans mélange
Et marquent bien leurs préférences
Sans avoir à jouer à l'homme.

1937. - *Cours naturel.*

IDENTITÉS

A Dora Maar.

Je vois les champs la mer couverts d'un jour égal
Il n'y a pas de différences
Entre le sable qui sommeille
La hache au bord de la blessure
Le corps en gerbe déployée
Et le volcan de la santé

Je vois mortelle et bonne
L'orgueil qui retire sa hache
Et le corps qui respire à pleins dédains sa gloire
Je vois mortelle et désolée
Le sable qui revient à son lit de départ
Et la santé qui a sommeil
Le volcan palpitant comme un cœur dévoilé
Et les barques glanées par des oiseaux avides
Les fêtes sans reflet les douleurs sans écho
Des fronts des yeux en proie aux ombres
Des rires comme des carrefours

Les champs la mer l'ennui tours silencieuses tours sans
[fin

Je vois je lis j'oublie
Le livre ouvert de mes volets fermés.

1937. - *Cours naturel.*

LA DERNIÈRE LETTRE

A Roland Penrose.

La douceur du climat marin
Des cheveux blonds dans une barque
Et la terre qui s'élève
Qui tremble au bord de l'eau
Me montrent une étrangère
Définitive inutile
Et je la mets au secret

Et je me dresse face au froid.

1937. - *Cours naturel*

L'HEURE EXACTE

A Valentine Hugo.

L'heure exacte marque la rage
Aux dents de singe
Vingt-quatre couchers de soleil
Sur un horizon ridicule
Vingt-quatre couchers de province
Aux joues exquises
Ont fini de délibérer

Et mille lieues de fuite à débrider
Rayon maigre innocent
Et la spirale de lanières qui s'écroule
Au seuil des plaies au seuil du baume

Mal funèbre mal d'encre
Caché par des doigts purs
La glaise de l'automne alourdit le feuillage
Le cheval arrivé ne dépassera pas
La corde pour se pendre
L'horloge enfarinée dit l'heure du départ
Mais elle est arrêtée.

1937. - *Cours naturel.*

A PABLO PICASSO

I

Les uns ont inventé l'ennui d'autres le rire
Certains taillent à la vie un manteau d'orage
Ils assomment les papillons font tourner les oiseaux en
                                                     [eau
Et s'en vont mourir dans le noir

   Toi tu as ouvert des yeux qui vont leur voie
   Parmi les choses naturelles à tous les âges
   Tu as fait la moisson des choses naturelles
   Et tu sèmes pour tous les temps

On te prêchait l'âme et le corps
Tu as remis la tête sur le corps
Tu as percé la langue de l'homme rassasié
Tu as brûlé le pain bénit de la beauté
Un seul cœur anima l'idole et les esclaves
Et parmi tes victimes tu continues à travailler
Innocemment

C'en est fini des joies greffées sur le chagrin.

II

Un bol d'air bouclier de lumière

Derrière ton regard aux trois épées croisées
Tes cheveux nattent le vent rebelle
Sous ton teint renversé la coupole et la hache de ton front
Délivrent la bouche tendue à nu
Ton nez est rond et calme
Les sourcils sont légers l'oreille est transparente

A ta vue je sais que rien n'est perdu.

III

Fini d'errer tout est possible
Puisque la table est droite comme un chêne
Couleur de bure couleur d'espoir
Puisque dans notre champ petit comme un diamant
Tient le reflet de toutes les étoiles

Tout est possible on est ami avec l'homme et la bête
A la façon de l'arc-en-ciel

Tour à tour brûlante et glaciale
Notre volonté est de nacre
Elle change de bourgeons et de fleurs non selon l'heure
[mais selon
La main et l'œil que nous nous ignorions

Nous toucherons tout ce que nous voyons
Aussi bien le ciel que la femme

Nous joignons nos mains à nos yeux
La fête est nouvelle.

IV

L'oreille du taureau à la fenêtre
De la maison sauvage où le soleil blessé
Un soleil d'intérieur se terre

Tentures du réveil les parois de la chambre
Ont vaincu le sommeil.

V

Est-il argile plus aride que tous ces journaux déchirés
Avec lesquels tu te lanças à la conquête de l'aurore
De l'aurore d'un humble objet
Tu dessines avec amour ce qui attendait d'exister
Tu dessines dans le vide
Comme on ne dessine pas
Généreusement tu découpas la forme d'un poulet
Tes mains jouèrent avec ton paquet de tabac
Avec un verre avec un litre qui gagnèrent

Le monde enfant sortit d'un songe

Bon vent pour la guitare et pour l'oiseau
Une seule passion pour le lit et la barque
Pour la verdure neuve et pour le vin nouveau

Les jambes des baigneuses dénudent vague et plage
Matin tes volets bleus se ferment sur la nuit

Dans les sillons la caille a l'odeur de noisette
Des vieux mois d'août et des jeudis
Récoltes bariolées paysannes sonores
Écailles des marais sécheresse des nids

Visage aux hirondelles amères au couchant rauque

Le matin allume un fruit vert
Dore les blés les joues les cœurs
Tu tiens la flamme entre tes doigts
Et tu peins comme un incendie

Enfin la flamme unit enfin la flamme sauve.

VI

Je reconnais l'image variable de la femme
Astre double miroir mouvant
La négatrice du désert et de l'oubli
Source aux seins de bruyère étincelle confiance
Donnant le jour au jour et son sang au sang
Je t'entends chanter sa chanson
Ses mille formes imaginaires
Ses couleurs qui préparent le lit de la campagne
Puis qui s'en vont teinter des mirages nocturnes

Et quand la caresse s'enfuit
Reste l'immense violence
Reste l'injure aux ailes lasses
Sombre métamorphose un peuple solitaire
Que le malheur dévore

Drame de voir où il n'y a rien à voir
Que soi et ce qui est semblable à soi

Tu ne peux pas t'anéantir
Tout renaît sous tes yeux justes

Et sur les fondations des souvenirs présents
Sans ordre ni désordre avec simplicité
S'élève le prestige de donner à voir.

1938.

HUMPHREY JENNINGS

Sous un ciel noir des maisons noires des tisons éteints
Et toi la tête dure
La bouche fléchissante
La chevelure humide
Des roses fortes dans le sang
Désespérant d'un jour infini blond et brun
Tu brises les couleurs gelées
Tu troubles le sillage du diamant

Une barque d'ambre à trois rames
Creuse la mare du désert
Le vent s'étale sur la mousse
Un soir entier soutient l'aurore
Le mouvement a des racines
L'immobile croît et fleurit.

1938.

FACILE PROIE

A S. W. Hayter.

Mets-toi hors de l'envol du couteau rouge et bleu
Tiens-toi blême et hagard dans l'armure muette
Il gèle à ciel ouvert le feu a sa statue
Du haut de ta stupeur vois les morts apparaître

Étoiles de granit que le vautour enseigne
A se perdre à passer sans être divisées
Un squelette à forger dans l'abîme sordide
Dans le silence épais de la faim rassasiée

Plante en pâture prends bien garde tous tes songes
Ne compenseront pas la gourmandise amère
De la bête au sourire encorné sœur jumelle
Du bonheur assuré par ta force innocente.

1938.

EXIL

A Paul Delvaux.

Parmi les bijoux les palais des campagnes
Pour diminuer le ciel
De grandes femmes immobiles
Les jours résistants de l'été

Pleurer pour voir venir ces femmes
Régner sur la mort rêver sous la terre

Elles ni vides ni stériles
Mais sans hardiesse
Et leurs seins baignant leur miroir
Œil nu dans la clairière de l'attente

Elles tranquilles et plus belles d'être semblables

Loin de l'odeur destructrice des fleurs
Loin de la forme explosive des fruits
Loin des gestes utiles les timides

Livrées à leur destin ne rien connaître qu'elles-mêmes.

1938.

AVIS DE L'ÉDITEUR

Nous publions *Donner à voir* tel que Paul Éluard a constitué le recueil paru en 1939. On y trouve des textes déjà publiés à l'époque, d'autres qui étaient inédits, l'unité du recueil étant qu'Éluard y rassemblait la plupart de ses écrits consacrés à la poésie et à la peinture. Pour une étude plus précise de la composition de *Donner à voir*, on pourra se reporter à l'édition des *Œuvres complètes* de Paul Éluard dans la Bibliothèque de la Pléiade, tome 1, 1968.

LA VIE ET L'ŒUVRE
DE PAUL ÉLUARD

1895, 14 décembre : Naissance de Eugène-Émile-Paul Grindel à Saint-Denis (Seine). Son père est comptable. Élève à l'école de Saint-Denis, puis à celle d'Aulnay-sous-Bois. En 1909, à l'école primaire supérieure Colbert, à Paris.

1912, décembre : Une hémoptysie le contraint à interrompre ses études. Il entre au sanatorium de Clavadel, près de Davos, en Suisse, où il rencontre une jeune Russe, Hélène Dmitrovnia Diakonova, qu'il prénomme Gala. Elle deviendra Gala Éluard en 1917.

Lecture des *Feuilles d'herbe* de Whitman et des poètes unanimistes du groupe de l'Abbaye de Créteil.

1913 : Grindel publie, à compte d'auteur, *Premiers poèmes* et, l'année suivante, *Dialogues des inutiles* (détruits plus tard par leur auteur).

1914, décembre : Quelques mois après sa sortie du sanatorium, il est mobilisé.

1916 : Infirmier à l'hôpital ordinaire d'évacuation n° 18 à Hargicourt (Somme). Il signe Éluard, du nom de sa grand-mère maternelle, une plaquette de vers polycopiée, *Le devoir*.

1917 : Sur le front, au 95ᵉ Régiment d'Infanterie. Hospitalisé, il rentre à Paris.

1918, en mai : Naissance de sa fille, Cécile.

En juillet, Éluard publie les *Poèmes pour la paix*.

1919 : Il rejoint le groupe Dada où il entre en relations avec Aragon, Breton, Soupault, Tzara.

1920 : Il publie le premier numéro de sa revue *Proverbe* et *Les animaux et leurs hommes, les hommes et leurs animaux*.

1921 : *Les nécessités de la vie et les conséquences des rêves*.

1922 : Le groupe Dada s'effrite. Publication des *Malheurs des immortels* et de *Répétitions*.

1924 : Le premier *Manifeste du surréalisme* permet de regrouper les transfuges de Dada autour d'André Breton.

Éluard publie *Mourir de ne pas mourir*, puis s'embarque à Marseille pour une fugue de sept mois en Extrême-Orient. A son retour il participe à la rédaction du premier numéro de *La Révolution surréaliste*.

1925 : *152 Proverbes mis au goût du jour*, écrits en collaboration avec Benjamin Péret, et *Au défaut du silence*.

1926 : *Capitale de la douleur. Les dessous d'une vie ou la pyramide humaine*. Éluard adhère au parti communiste et collabore à la revue *Clarté*.

1927 : Signe avec Aragon, Breton, Péret et Unik, la « lettre des cinq » aux surréalistes non communistes.

1928 : *Défense de savoir*. Éluard est hospitalisé dans les Grisons, au sanatorium d'Arosa, où il passera l'hiver.

1929 : *L'Amour la poésie*. Éluard rencontre Nusch (Maria Benz) qui l'accompagnera dix-sept ans, et René Char.

1930 : *Ralentir travaux*, en collaboration avec Char et Breton. *A toute épreuve. L'Immaculée conception*, en collaboration avec Breton.

1931 : *Dors*.

1932 : *La Vie immédiate*. Au lendemain du Congrès international des écrivains révolutionnaires de Kharkov, Éluard rompt avec Aragon et fait paraître contre lui un texte sévère : *Certificat*.

1933 : Éluard est exclu du parti communiste. Il publie *Comme deux gouttes d'eau*.

1934 : Il signe un *Appel collectif à la lutte contre le péril fasciste* et participe au Comité de vigilance des Intellectuels. *La Rose publique* clôt une certaine manière de poésie expérimentale.

1935 : Conférences à Prague, pour l'exposition surréaliste, avec Breton. *Nuits partagées* et *Facile*.

1936 : *Grand air, La Barre d'appui, Notes sur la poésie* (avec Breton), *Les Yeux fertiles*. Série de conférences en Espagne autour d'une rétrospective Picasso et à Londres où se tient l'Exposition internationale du surréalisme. Prend position contre le coup de force franquiste.

1937 : *L'Évidence poétique, Les Mains libres, Premières vues anciennes, Appliquée, Quelques-uns des mots qui jusqu'ici m'étaient mystérieusement interdits*.

1938 : Organise avec Breton l' « Exposition internationale du surréalisme » à Paris et collabore avec lui au *Dictionnaire abrégé du surréalisme*. Après le bombardement de Guernica, en Espagne, Éluard s'engage plus activement et plus violemment qu'avant (« La victoire de Guernica » dans *Cours naturel*). *Solidarité*, illustré par Miró, Picasso, Tanguy, Masson, est vendu au profit des Républicains espagnols.

1939 : Publication de *Médieuses*, illustré par Valentine Hugo, *Chanson complète*, *Donner à voir*. Éluard est mobilisé dans l'Intendance à Mignères (Loiret).

1940 : Éluard démobilisé regagne Paris. Parution du *Livre ouvert I*.

1941 : *Moralité du sommeil* et *Sur les pentes inférieures*. Éluard s'engage dans la Résistance.

1942 : Les avions de la Royal Air Force parachutent au-dessus des maquisards des milliers d'exemplaires de *Poésie et vérité 1942*. Le poète revient définitivement dans le sein du parti communiste. *Le Livre ouvert II. Poésie involontaire et poésie intentionnelle*.

1943 : Renoue avec Aragon et anime avec lui le Comité national des écrivains. Collabore aux *Lettres françaises*, rassemble les textes de *L'Honneur des Poètes*, pour les Éditions de Minuit. Publie *Les Sept poèmes d'amour en guerre*, sous le pseudonyme de Jean du Haut. De novembre 43 à février 44, Éluard se cache à l'hôpital psychiatrique de Saint-Alban en Lozère. Il compose *Souvenirs de la maison des fous* (publié en 46).

1944, février : Retour à Paris. *Le lit la table*. Publie *Les Armes de la douleur*, pour la libération de Toulouse. Fonde un journal clandestin, *L'Éternelle Revue*. Août : le poète sort de la clandestinité et publie une somme de poèmes écrits dans la Résistance : *Dignes de vivre, Au rendez-vous allemand, A Pablo Picasso*. Il reçoit la Médaille de la Résistance.

1945 : *En avril 1944 : Paris respirait encore !, Doubles d'ombre, Lingères légères, Une longue réflexion amoureuse, Le Vœu*.

1946 : *Poésie ininterrompue I*. Conférences en Tchécoslovaquie et en Italie. Voyage en Yougoslavie et en Grèce. *Le Dur désir de durer. Objet des mots et des images*.

28 novembre : Éluard apprend, en Suisse où il séjourne, la mort de Nusch. De ce jour jusqu'à sa rencontre avec Dominique Lemor au Congrès mondial de la Paix à Mexico (1949), le poète traverse une période de désespoir.

1947 : *Elle se fit élever un palais. Le Temps déborde. Corps mémorable. Le meilleur choix de poèmes est celui que l'on fait pour soi. A l'intérieur de la vue, 8 poèmes visibles*.

1948 : *Picasso à Antibes. Voir. Premiers poèmes, 1913-1921. Poèmes politiques*. Éluard se fait le porte-parole de la paix et de la liberté dans de nombreux pays. *Perspectives, Corps mémorable, Le Bestiaire*.

1949 : *La Saison des amours*. Parcourt la Macédoine et passe

quelques jours auprès des partisans grecs. *Grèce ma rose de raison. Une leçon de morale.*
1950 : *Hommage aux Martyrs et aux combattants du Ghetto de Varsovie,* Voyage en Tchécoslovaquie et en U.R.S.S.
1951 : Mariage d'Éluard et de Dominique. Ils partagent leur temps entre Paris, Beynac (Dordogne) et Saint-Tropez. Publication de *Pouvoir tout dire, Première anthologie vivante de la poésie du passé. La Jarre peut-elle être plus belle que l'eau?, Le Visage de la Paix, Grain-d'aile, Le Phénix, Marines.*
1952 : A Genève, Paul Éluard donne une conférence sur le thème : *La Poésie de circonstance.* Représentant le peuple français, il participe à Moscou aux manifestations organisées pour commémorer le cent cinquantième anniversaire de la naissance de Victor Hugo et le centième anniversaire de la mort de Gogol.
Il publie l'*Anthologie des écrits sur l'art, Les Sentiers et les routes de la poésie.* Il achève *Poésie ininterrompue II.* Pendant l'été, le poète subit une première attaque d'angine de poitrine. Le 18 novembre, à 9 heures du matin, à son domicile parisien de l'avenue de Gravelle, Paul Éluard succombe à une nouvelle crise cardiaque.

BIBLIOGRAPHIE

1917 *Le devoir et l'inquiétude* (Gonon).
1918 *Poèmes pour la paix.*
1920 *Les animaux et leurs hommes, les hommes et leurs animaux* (Au Sans Pareil).
1921 *Les nécessités de la vie et les conséquences des rêves* précédé d'*Exemples* (Au Sans Pareil).
1922 *Répétitions* (Au Sans Pareil).
1924 *Mourir de ne pas mourir* (N.R.F.).
1925 *Au défaut du silence.*
1926 *Capitale de la douleur* (N.R.F.). *Les dessous d'une vie ou la pyramide humaine* (Les Cahiers du Sud).
1928 *Défense de savoir* (Éditions surréalistes).
1929 *L'Amour la poésie* (N.R.F.).
1930 *A toute épreuve* (Éditions surréalistes).
1931 *Dors.*
1932 *La Vie immédiate* (Éditions des Cahiers libres).
1933 *Comme deux gouttes d'eau* (Corti).
1934 *La Rose publique* (N.R.F.).
1935 *Nuits partagées* (G.L.M.).
1936 *La Barre d'appui* (Éditions des Cahiers d'Art). *Les Yeux fertiles* (G.L.M.).
1937 *L'Évidence poétique* (G.L.M.). *Appliquée. Les Mains libres* (Édition Jeanne Bucher). *Quelques-uns des mots qui jusqu'ici m'étaient mystérieusement interdits* (G.L.M.).
1938 *Cours naturel* (Éditions du Sagittaire).
1939 *Médieuses. Chanson complète* (N.R.F.). *Donner à voir* (N.R.F.).
1940 *Le Livre ouvert I 1938-1940* (Éditions des Cahiers d'Art).
1941 *Moralité du sommeil* (Éditions de l'Aiguille aimantée,

Anvers). *Sur les pentes inférieures* (Éditions La Peau de chagrin). *Choix de poèmes 1916-1940* (N.R.F.).
1942 *Le Livre ouvert II 1939-1941* (Éditions des Cahiers d'Art). *La dernière nuit. Poésie involontaire et poésie intentionnelle* (Éditions Poésie 42). *Poésie et vérité 1942* (Éditions de la Main à la plume).
1943 *Les Sept poèmes d'amour en guerre* (Bibliothèque française).
1944 *Le lit la table* (Éditions des Trois Collines, Genève). *Dignes de vivre* (Éditions Sequana). *Au rendez-vous allemand* (Éditions de Minuit). *A Pablo Picasso* (Éditions des Trois Collines, Genève).
1945 *En avril 1944 : Paris respirait encore! Lingères légères* (Seghers). *Une longue réflexion amoureuse* (Éditions Ides et Calendes, Neuchâtel).
1946 *Poésie ininterrompue* (Gallimard). *Souvenirs de la maison des fous* (Éditions Pro Francia). *Le Dur désir de durer* (Éditions Arnold-Bordas). *Objet des mots et des images*.
1947 *Le Livre ouvert (1938-1944) I et II* (Gallimard). *Le Temps déborde* (Éditions des Cahiers d'Art). *Corps mémorable* (Seghers). *Le meilleur choix de poèmes est celui que l'on fait pour soi, 1818-1918* (Éditions du Sagittaire).
1948 *Picasso à Antibes* (Éditions Drouin). *Voir* (Éditions des Trois Collines, Genève). *Premiers poèmes 1913-1921* (Éditions Mermod, Lausanne). *Poèmes politiques* (Gallimard). *Perspectives* (Maeght).
1949 *Une leçon de morale* (Gallimard).
1950 *Hommages* (Éditions des Cahiers de la Poésie Nouvelle, Namur).
1951 *Pouvoir tout dire* (Éditions Raisons d'être). *Le Phénix* (G.L.M.). *Grain-d'aile. La Jarre peut-elle être plus belle que l'eau?* (Gallimard). *Première anthologie vivante de la poésie du passé* (Seghers). *Le Visage de la Paix* (Éditions Cercle d'Art).
1952 *Anthologie des écrits sur l'art* (Éditions Cercle d'Art). *Les Sentiers et les routes de la poésie* (Éditions Les Écrivains réunis).

DONNER A VOIR

Les dessous d'une vie	9
Juste milieu	27
Nuits partagées	37
Appliquée	45
Les songes toujours immobiles	51
Au fond du cœur	63
Physique de la Poésie	67
L'évidence poétique	73
Peintres	85
Le Miroir de Baudelaire	101
Premières vues anciennes	109
Peintres	173
Avis de l'éditeur	211
La vie et l'œuvre de Paul Éluard	213
Bibliographie	217

DU MÊME AUTEUR

Dans la même collection

CAPITALE DE LA DOULEUR suivi de L'AMOUR LA POÉSIE. *Préface d'André Pieyre de Mandiargues.*

LA VIE IMMÉDIATE suivi de LA ROSE PUBLIQUE, LES YEUX FERTILES, et précédé de L'ÉVIDENCE POÉTIQUE.

POÉSIE ININTERROMPUE.

POÉSIES (1913-1926). *Préface de Claude Roy.*

LE LIVRE OUVERT (1938-1944).

UNE LEÇON DE MORALE.

Ce volume,
le cent vingt-deuxième de la collection Poésie,
a été achevé d'imprimer sur les presses
de l'imprimerie Bussière à Saint-Amand (Cher),
le 1er mars 1996.
Dépôt légal : mars 1996.
1er dépôt légal dans la collection : mai 1978.
Numéro d'imprimeur : 446.
ISBN 2-07-032174-6./Imprimé en France.

75948